1

D'EXPRESSIONS

à emprunter
à nos grands-mères

RACONTÉES PAR ALAIN REY
DENIS MILLIÈS LACROIX
et AGNÈS PIERRON

Adrien David
David Galand
Nathalie Gendrot
Adélaïde Jacquemard-Truc
Fabien Legrésy
Étienne Leterrier
Dorothée Lintner
Marion Moreau
Amandine Mussou
Cécile Rabot

et la collaboration de
Marie-Hélène Drivaud
Édouard Trouillez
Bérengère Baucher

Documentation et bibliographie
Annick Dehais

Édition : Maud Dubourg
Création graphique : Marina Delranc
Mise en pages : Emmanuelle Audebrand
Suivi de production : Nadine Noyelle
Fabrication : Nicolas Zeifman

ISBN : 978-2-32101-643-4

PRÉFACE

Crier haro sur le baudet
Battre le briquet
Carburer du bulbe…

Qui n'a jamais entendu, de la bouche de sa grand-mère ou de ses parents, des expressions joyeusement fleuries sans en comprendre le sens véritable ni en connaître l'origine exacte ?
Quel est donc ce cri « *haro !* » et son rapport avec ce bon animal de corvée, le baudet ? Qui s'est déjà interrogé sur la signification réelle de cette rime oubliée d'*Au clair de la lune* de notre ami Pierrot : « Car dans sa cuisine [celle de la voisine] / On bat le briquet » ? Quel est donc ce *bulbe* qui *carbure* et qui n'a semble-t-il rien de très botanique ?
Les expressions de la langue française, quelle que soit la catégorisation que l'on en fait - familières, populaires, argotiques, érotiques, militaires, figurées, absconses ou limpides - participent à la richesse de notre langage et façonnent son identité.

Alain Rey, lexicographe émérite amoureux des mots, nous raconte avec sa ferveur habituelle l'origine de ces expressions et le cheminement qu'elles ont suivi pour endosser le dernier sens qu'on leur connaît. Il est accompagné dans cette explication narrative de Denis Milliès Lacroix, docteur en médecine, qui, non sans humour, apporte son éclairage scientifique, ainsi que d'Agnès Pierron, spécialiste des langages du théâtre et de l'érotisme, qui nous dévoile les dessous sulfureux de mots bien sous tous rapports.

Parmi les *150 drôles d'expressions* qui sont ici proposées, nombre d'entre elles ont un rapport direct avec le corps et les pratiques qu'il doit subir : ainsi lorsqu'il *monte sur le billard* ou que *les Anglais ont débarqué*, on imagine qu'il va passer un mauvais quart d'heure. D'autres, sous couvert d'une première définition *de bon aloi*, en cachent une seconde joliment coquine : ainsi celui qui *rôtit le balai* pourrait bien tirer le diable par la queue, mais il pourrait tout aussi bien en être arrivé à cette conclusion érotique après s'en être allé *courir le guilledou* et en avoir finalement *eu un béguin*.

Dans ces *150 drôles d'expressions*, Alain Rey, Denis Milliès Lacroix et Agnès Pierron nous donnent donc à voir l'expressivité de notre langage qui, tel un millefeuille, dit une chose tout en pouvant en exprimer d'autres. L'histoire leur donnera sans doute encore de nouvelles formes ; ce qui les sauverait probablement de l'oubli qui les guette.

Car ces expressions dites *de nos grands-mères* portent un costume légèrement suranné mais n'ont pas pour autant disparu de nos phrases. Elles sont un peu passées de mode ; on les considère comme n'étant plus au goût du jour, relevant d'un langage d'un autre temps.
Et même si, se retirant à petits pas de notre langage quotidien, elles en sont venues à *tomber en quenouille*, il est fort à parier que la Belle au bois dormant s'éveillant d'un long sommeil, pourrait bien participer à les faire renaître, à leur faire *passer la rampe*.

NUMÉROTER SES ABATTIS

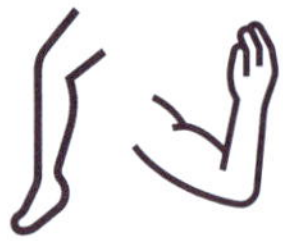

Se préparer au combat

Les *abattis* désignent les découpes d'animaux, principalement de volailles, destinées à être mangées. Le terme est un dérivé vieilli du verbe *abattre* et de sa forme passive, *ce qui est abattu*. En argot, ce mot a pris le sens de *bras et jambes*. « Numéroter ses abattis », c'est donc faire l'inventaire précis de ses membres.

L'expression suggère qu'une bagarre va commencer, si intense qu'on risque d'y perdre des parties du corps. La démesure de cette injonction farfelue a probablement contribué à son succès.

Dans plusieurs domaines de la médecine, la numérotation des abattis n'est pas une métaphore, mais une réalité. La police scientifique et la médecine légale doivent récupérer et identifier les morceaux humains retrouvés sur une scène de crime.

En anatomie, les parties du corps sont souvent numérotées, non parce que l'on craint d'en perdre des morceaux, mais par simplification. Les os, par exemple, font l'objet de numérotation :

c'est le cas des vertèbres cervicales (C1 à C7), dorsales (D1 à D12), et lombaires (L1 à L5). Mais aussi des doigts, que les professionnels de santé désignent rarement par leurs noms. Ils préfèrent appeler le pouce *le doigt n°* 1, l'auriculaire *le cinquième doigt*, etc. Les chirurgiens-dentistes attribuent aussi un chiffre aux dents, selon un système un peu plus complexe. La bouche est divisée en quatre cadrans : le cadran n° 1 en haut et à droite, le n° 2 en haut à gauche, le n° 3 en bas à gauche et le n° 4 en bas à droite. Les dents du cadran n° 1 sont numérotées de 11 à 18, celles du n° 2 de 21 à 28, et ainsi de suite. Ainsi la canine supérieure droite porte le numéro 13.
D'ailleurs, les dents peuvent illustrer concrètement l'expression *numéroter ses abattis*. Un coup de poing bien ajusté peut faire tomber des dents. Or, on peut replacer une dent tombée sans l'intervention d'un dentiste, à condition de le faire dans l'heure. S'il y a plusieurs dents de tombées, mieux vaut leur donner un numéro pour ne pas se tromper d'emplacement… Faute de numéroter ses abattis, on peut se retrouver, comme disait Pierre Dac, avec « trente-deux dents (trente dedans) et deux dehors ».

> **“*Dans quelques jours, quand Bébert aurait tellement les crocs, elle pourrait commencer à numéroter ses abattis. Contre toute attente, c'est le cuisinier qui a numéroté les siens.*”**
>
> Véronique Genest, 22, *v'là Julie*, Michel Lafon, 2014

UN ABCÈS DE FIXATION

Un événement ou phénomène qui canalise et empêche un principe jugé dangereux de se propager

Un *abcès* est caractérisé par une poche de pus qui laisse des cicatrices disgracieuses et aboutit parfois à de graves complications. Personne ne souhaiterait volontairement connaître la douleur provoquée par un abcès.
Pourtant, il y a plus d'un siècle, des médecins ont imaginé un *abcès artificiel*, ou *abcès de fixation*, pour soigner certaines maladies infectieuses.
Cette théorie extravagante supposait que l'abcès attirerait et fixerait les microbes disséminés dans le corps. Pour cela, il fallait injecter de l'essence de térébenthine sous la peau, ce qui provoquait d'horribles souffrances.
Cette méthode a cependant eu des adeptes, y compris dans d'autres domaines que celui des infections. Les psychiatres,

en effet, utilisaient les abcès de fixation pour soigner les maladies mentales graves, sans aucun argument sérieux pour le faire et, malheureusement, sans aucun résultat tangible sinon la souffrance accrue des malades.
Les militaires de la Première Guerre mondiale reprirent cette expression. Il ne s'agissait plus toutefois de fixer les microbes, mais les soldats ennemis. Pour les « poilus », quand le commandement évoquait un abcès de fixation, cela n'augurait rien de bon. En effet, il fallait alors tenir coûte que coûte une position, afin de diminuer la présence des forces ennemies à quelque distance de là. On peut dire qu'ils savaient alors *crever l'abcès* (« prendre des mesures violentes entraînant des conséquences graves, de manière à extirper la cause d'un mal durable. »)
Désormais, l'abcès de fixation a disparu de l'arsenal thérapeutique, et l'on peut espérer que l'armée n'*en fasse pas une fixette.*

> **Le sport : un abcès de fixation que la bourgeoisie a mis du temps à découvrir.**
>
> François Mauriac, *Bloc-notes : 1952-1957*, Seuil, 1993

ÊTRE AUX

ABOIS

être dans une situation matérielle désespérée

Un régime politique aux abois est tout près d'être renversé. Des défenseurs aux abois sur un terrain de football craignent la défaite. Un criminel aux abois est traqué et a peu de chances d'en réchapper. L'expression décrit une réalité malheureuse et implique une situation désespérée.

Si l'on prête attention aux sonorités, on entend des bruits de chasse à courre, comme dans *à cor et à cri*. Et on voit la meute. *Aboi* est en effet synonyme de *aboiement*. Si le chien fait *ouah ouah* en français, il fait *bau bau* en italien et cette onomatopée est proche de celle qui a donné naissance, au Moyen Âge, à *aboyer* et à *aboi*. Les abois sont précisément les cris de la meute au moment où elle entoure l'animal poursuivi.

On se souvient des vers d'Alfred de Vigny dans ses *Poèmes antiques et modernes* : « J'aime le son du cor, le soir au fond des bois, Soit qu'il chante les pleurs de la biche aux abois, Ou l'adieu du chasseur [...] ». Des traqueurs à la proie, ces abois ne sont plus les hurlements des bêtes assoiffées de sang mais la situation du gibier assailli par la meute, proche de l'agonie. On dit alors que l'on force la bête jusqu'à ce qu'elle soit aux abois.

C'est dans des contextes métaphoriques que le mot s'est maintenu. Déjà, chez Corneille, la République doit être « sauv[ée] des abois ». Un siècle plus tard, cet usage est suranné. Les abois se sont tus. Seul *aux abois* se dit d'une personne réduite à la dernière extrémité, ne pouvant plus se défendre. Caché dans l'expression, un drame, un jeu cruel, celui de toutes les chasses à l'homme.

LE MOT DU PETIT ROBERT

ABOI

[abwa] nom masculin

ÉTYM. XIIe ◆ de *aboyer*

2. AU PLURIEL (CHASSE) *Les abois*, cris de la meute au moment où elle entoure la bête ; PAR EXTENSION situation de la bête ainsi entourée.

DE CET, DE MÊME

ACABIT

de cette nature, de même nature

Si l’on parle de vous en disant *une personne de cet acabit*, vous ne vous sentez pas franchement valorisé. L’expression s’emploie mais *acabit* fait partie de ces vocables dont on ignore le sens. On a beau convoquer ses souvenirs de latin, ce mot demeure mystérieux.

À vrai dire, les spécialistes s’y perdent également. Pour certains, le mot proviendrait du participe passé de l’ancien provençal *acabir* « achever », dont l’origine latine est elle-même obscure. Mais aucun document ne l’atteste et rien n’explique le changement de sens. Et l’absence d’équivalent dans les autres langues romanes ne fait qu’épaissir le mystère.

Toujours est-il que le mot apparaît au XVe siècle, signifiant alors « évènement malheureux, accident », mais il pourrait s’agir d’un homonyme, car *acabit* ne réapparaît qu’en 1650

à propos de la qualité d'une marchandise, d'une denrée. On disait par exemple « des poires de bon acabit » et cet acabit n'avait rien de désastreux.
Progressivement, le jugement que véhicule le mot ne porte plus seulement sur les choses mais aussi sur les êtres. Stendhal écrit dans *Le Rouge et le Noir* : « mon fils et ses brillants amis de même acabit ont du cœur » et, comme pour les poires, cet acabit n'est nullement péjoratif.
Ce n'est qu'au cours du XXe siècle que son usage se restreint à quelques expressions et que la valeur péjorative s'impose, comme dans *de la même farine* ou *du même tonneau*. On compare et on classe, mais pour déprécier. Et à moins que la personne qui nous associe à d'autres en un acabit de mauvais aloi* soit plus que centenaire, c'est à juste titre que vous pourrez vous vexer !

Il était avec un compagnon de son acabit qui lui donnait un conseil relatif à certain bouton de son pardessus.

Raymond Queneau, *Exercices de style*, 1947

PIERRE D'

ACHOPPEMENT

obstacle, écueil

Rencontrer sur son parcours une *pierre d'achoppement*, c'est rencontrer une sérieuse difficulté. Une pierre, en effet, peut faire obstacle à la progression ou faire trébucher. Quant à *achoppement*, nous butons précisément dessus, ce mot ne se rencontrant guère en dehors de cette expression.

La Fontaine, dans ses *Fables*, l'utilise encore : « Regarde d'où provient L'achoppement qui te retient [...] Prends ton pic, et me romps ce caillou qui te nuit. » Le caillou en question est ce qui fait buter, *achopper*. Ce verbe est dérivé de *chopper*, de même sens, utilisé au figuré pour « faillir, faire un écart de conduite » ou « se heurter à une difficulté d'ordre moral ou intellectuel ». Ce sens est sorti de l'usage et l'exemple de Furetière, « Cet Officier s'est brouillé avec son Supérieur, il a *choppé* lourdement », n'est plus compris. *Choper* une maladie, l'attraper, c'est un autre mot.

On suppose que ce verbe *chopper* a été formé à partir d'une onomatopée, *tsopp* (ou *tchop*), imitant le bruit caractéristique du pas d'un boiteux, et qui a donné dans d'autres langues latines des mots évoquant des difficultés à se mouvoir : *zoppo* en italien, *zopo* en espagnol, *zo(u)po* en portugais, c'est le boiteux, l'estropié. Cette lourde démarche était rendue en ancien français par le son *clop*, à l'origine de *clopiner* et *clopin-clopant*.

La *pierre d'achoppement* est donc la pierre sur laquelle on trébuche, mais elle n'a d'existence que métaphorique. De ce qui fait choir à ce qui fait tomber dans le péché, il n'y a qu'un pas, trébuchant. N'oublions pas qu'en latin ecclésiastique cette pierre se disait *scandalum*...

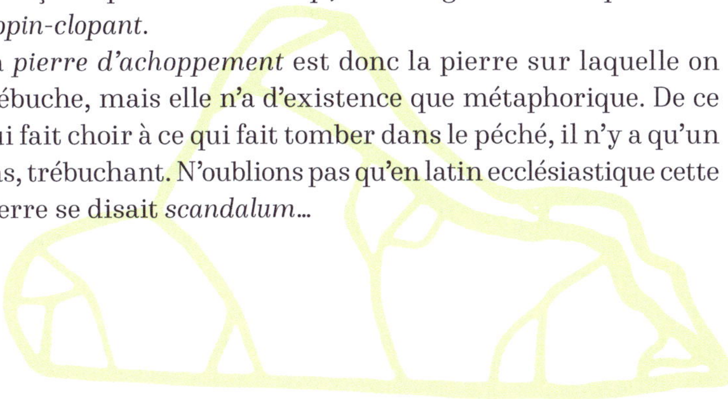

LE MOT DU PETIT ROBERT

ACHOPPEMENT

[aʃɔpmɑ̃] nom masculin

ÉTYM. début XIIIe ◆ de *achopper*

VIEUX OU LITTÉR. Obstacle contre lequel on bute, difficulté qu'on rencontre. [...]

DE BON ALOI

de bonne qualité, qui mérite l'estime

Il arrive qu'on emploie l'expression *de bon aloi* comme un équivalent littéraire - voire un peu précieux - de *de bonne qualité*. Mais on serait embarrassé s'il fallait préciser l'origine et le sens exact du mot *aloi*, qui ne s'emploie plus hors de cette expression.

Apparu au Moyen Âge, *aloi* vient du verbe *aloier* (ou *aloyer*), ancienne variante de *allier*. Il signifie « alliage » - tout comme l'anglais *alloy*, de même origine - et s'employait à propos des assemblages métalliques réalisés pour fondre une monnaie. Comme il arrivait que l'on fraude en incluant dans cette monnaie un pourcentage de métal précieux plus faible qu'annoncé, celle *de bon aloi* était donc une monnaie non falsifiée, ce que rappelle Théophile Gautier dans *Le Capitaine Fracasse* : « Par les cornes et la queue de Lucifer ! Nous jouons de malheur ! J'avais espéré monnaie de bon aloi et ce ne sont que jetons de cuivre et de plomb doré. »

L'expression s'emploie dès l'ancien français au figuré pour signaler la bonne qualité. Elle s'est appliquée à des choses concrètes, là où l'on préfère aujourd'hui le « haut de gamme ». Progressivement, c'est la valeur abstraite qui s'impose. Pourtant, *aloi* ne possède plus de sens lisible que pour les spécialistes de numismatique : la valeur, le titre légal d'une monnaie. Sa signification première est aussi demeurée dans le vocabulaire technique de la métallurgie, tout comme son synonyme *aloyage*.
Le côté précieux de l'expression va finalement de pair avec la préciosité de la pièce qu'elle qualifiait. Désormais informé, la prochaine fois que vous emploierez *de bon aloi,* vous pourrez *allier* l'effet de style et l'à-propos.

> **Il est homme du monde, sans grande ambition d'être dans la conversation [...] ; il a une parole correcte, châtiée, de bon aloi.**
>
> Barbey d'Aurevilly, *Premier Memorandum*, 1836

LES ANGLAIS ONT DÉBARQUÉ

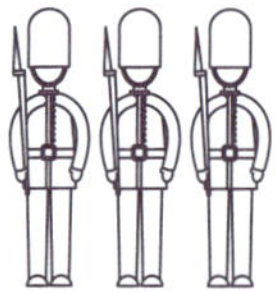

avoir ses règles

Un très grand nombre d'expressions concernant les règles font référence à la couleur rouge : *avoir ses ragnagnas, avoir son cardinal, écraser les tomates…* L'expression *les Anglais ont débarqué* (et ses variantes *les Anglaises arrivent*, ou, plus imagée encore, *les tuniques rouges ont débarqué*) est née quant à elle en 1815, au lendemain de la défaite des troupes napoléoniennes à Waterloo. Elle fait référence, de manière indirecte, au rouge de l'uniforme revêtu par les soldats anglais pendant l'occupation de la France par l'armée britannique jusqu'en 1820. Le lien entre le flot de l'ennemi, rouge, avec l'irruption des règles était tout trouvé. D'où le succès de l'expression parmi les parlers

populaires parisiens, invoquée en mauvais souvenir de l'occupant britannique.
En anglais, l'expression « *English people have landed* » n'existe pas. Il est pourtant bien d'autres cas où les British ont su nous renvoyer la balle, comme avec l'expression *filer à l'anglaise*, traduite outre-Manche par « *to take a French leave* ».

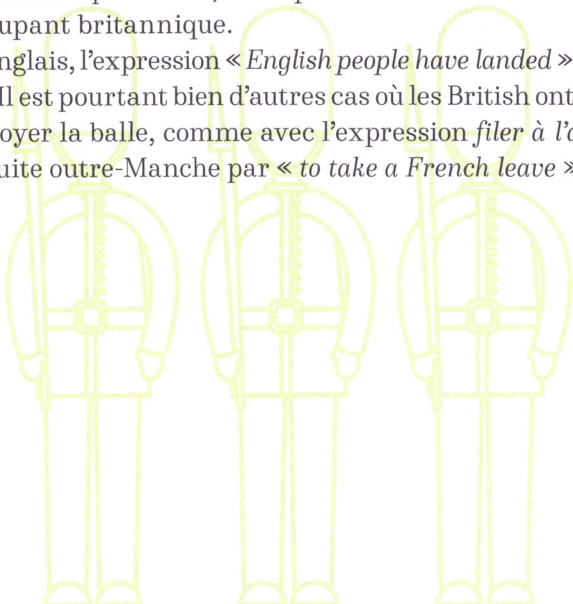

> **Quand les Anglais ont débarqué la première fois, elle ne m'avait rien dit, te voilà jeune fille, c'est tout.**
>
> Annie Ernaux, *Ce qu'ils disent ou rien*, Gallimard, 1977

AVOIR UNE ARAIGNÉE AU PLAFOND

être un peu fou

Le *plafond* représente dans cette expression la paroi du crâne observée de l'intérieur, comme dans une maison. Mais dans ce cas, la maison est vide, ou ses habitants très peu soigneux, puisque des araignées tissent tranquillement leur toile au milieu des méninges.

Justement, savez-vous que *les méninges* désignent plusieurs enveloppes situées à l'intérieur du crâne, qui protègent le cerveau ? Il s'agit de la *dure-mère*, de la *pie-mère* et de… l'*arachnoïde*, une membrane en forme de toile d'araignée. Mais à quoi servent-elles exactement ? Contrairement à ce que suggèrent certaines expressions comme *se torturer les méninges* ou *faire travailler ses méninges*, ces dernières ne jouent aucun rôle dans les fonctions mentales. Leur mission

essentielle consiste à protéger le cerveau. C'est à partir de 1860 qu'on a attribué, par erreur, les fonctions du cerveau aux méninges.
Il n'y a donc aucune raison de traduire l'anglais *brainstorming* par *remue-méninges*. Il est grand temps de ménager les méninges.

PASSER L'
ARME
À GAUCHE

mourir

Quelle est cette arme à ne pas changer de côté ? Une lame, pour certains, un fusil militaire, pour d'autres. Dans tous les cas, l'arme se tient de la main droite. Le mystérieux *passage* à gauche serait un changement de main fâcheux, entraînant la mort de l'escrimeur ou du soldat. Alors, l'expression ne concernerait-elle que les droitiers ? Il ne faut pas oublier que, dans une société où les gauchers sont minoritaires (au maximum 15 % de la population), le côté gauche a longtemps symbolisé la maladresse et le malheur. Le mot latin pour *gauche*, *sinister*, a donné le mot *sinistre*. On dit aussi d'une personne peu dégourdie qu'elle *a deux mains gauches*. Même le pied est maudit : levez-vous *du pied gauche* et vous passerez la journée de mauvaise humeur.

Mais les gauchers ont leur revanche : en escrime, beaucoup de fleurettistes le sont, car ils ont l'avantage contre un droitier. Enfin une situation où *passer l'arme à gauche* pousse l'adversaire à *déposer les armes* !

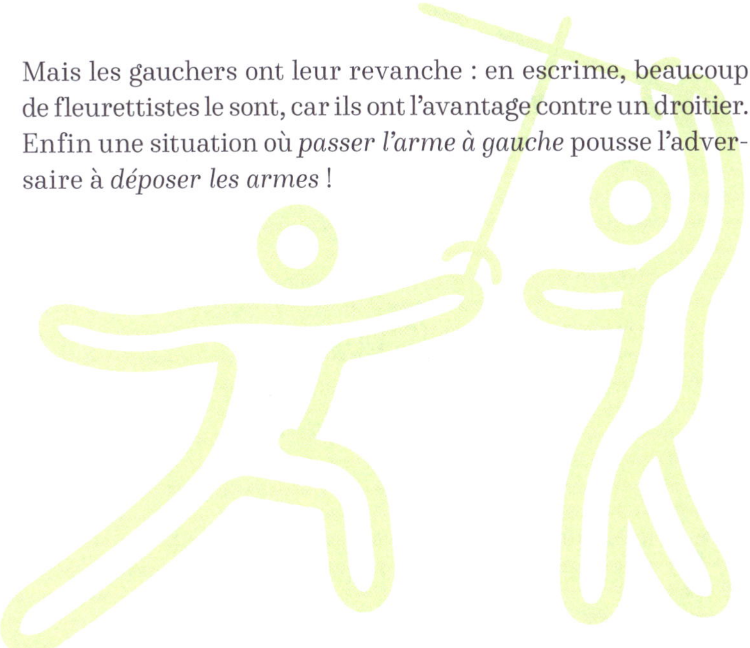

> **« Les crânes sont les six maîtres d'armes à qui j'ai fait passer l'arme à gauche**
> **- Cela veut dire tuer, n'est-ce pas ?**
> **- Nous disons ça comme ça, reprit-il avec la même innocence [...] »**
>
> Alfred de Vigny, *Stello*, 1832

MENTIR COMME UN ARRACHEUR DE DENTS

mentir effrontément

Au Moyen Âge, en partie du fait de l'opposition de l'Église catholique, les professions de chirurgien et de dentiste sont marginalisées.

On assiste alors à une prolifération de charlatans, notamment d'arracheurs de dents qui exercent lors des foires. Tels des bateleurs, ils promettent des extractions dentaires… indolores, bien entendu ! Pour couvrir les cris des pauvres victimes, ils se font parfois aider de joueurs de trompette.

Il faut attendre Louis XIV pour que la situation commence à évoluer. Souffrant de problèmes de santé à répétition, le Roi-Soleil décide d'organiser les professions médicales : par un édit de 1699, il crée un corps d'experts pour les dents. Près de trente ans plus tard, Pierre Fauchard publie *Le Chirurgien-dentiste ou Traité des dents*, livre fondateur de la médecine dentaire moderne.

Si, progressivement, les arracheurs de dents cèdent la place à des chirurgiens-dentistes, les extractions de dents sont toujours aussi douloureuses. Ce n'est qu'en 1844 qu'un gaz est utilisé comme anesthésique aux États-Unis : le protoxyde d'azote, ou *gaz hilarant*, connu depuis 1772 pour les crises de fou rire qu'il déclenche. Par la suite, l'éther et le chloroforme viennent compléter la panoplie des anesthésiques. Cependant, il faut les inhaler à travers un masque, ce qui complique les interventions dentaires.

Au début du XXe siècle, les dentistes commencent à employer la procaïne en injection. Il s'agit d'un anesthésique local dérivé de la cocaïne, mais qui n'a pas ses effets stupéfiants. Depuis les années 1950, on utilise un dérivé de ce produit : la lidocaïne. C'est l'anesthésique local le plus utilisé dans le monde à ce jour. Rien ne garantit que les chirurgiens-dentistes ne vous jouent pas du pipeau, mais, au moins, ils n'ont plus besoin de joueurs de trompette.

> “ **Je paradais toutes les nuits au comptoir, dans la lumière rouge et la poussière de ce lieu de délices, mentant comme un arracheur de dents et buvant longuement.** ”
>
> Albert Camus, *La Chute*, Gallimard, 1956

SOUS LES MEILLEURS

AUSPICES

dans des conditions favorables

Voilà une expression qui inspire la sympathie – à condition toutefois de ne pas confondre le mot *auspice* avec son homonyme *hospice*, bien moins réjouissant. Il ne s'agit pas de maladie, au contraire ! Lorsqu'un projet se présente *sous les meilleurs auspices* ou *sous d'heureux auspices*, c'est de bon augure, nous sommes en confiance. Nous savons que le ciel est dégagé, qu'aucun nuage ne devrait ternir nos perspectives d'avenir.
Car c'est bien de ciel qu'il s'agit : le mot *auspice* vient du latin *auspicium*, de *avis*, « oiseau », et du verbe *specere*, « regarder », d'où viennent *aspect* et *spectacle*. L'auspice est donc, étymologiquement, le fait de scruter le vol des oiseaux et, en général, leur comportement. Le prêtre chargé d'en déduire des présages était nommé *auspex*.

Le français n'utilise plus le vocable qu'au pluriel : en matière de prédiction sur l'avenir, il est sans doute plus prudent de prendre son temps et d'interpréter plusieurs auspices plutôt qu'un seul… On préfère aussi les bons aux mauvais auspices : au XIVe siècle déjà, *auspices* signifiait « heureux présage ». L'expression moderne a renforcé ce penchant, en ne retenant que le superlatif de *bon*. À l'époque de Rousseau, les auspices pouvaient encore être *funestes*, même si le sens des « heureux auspices » était déjà dominant. Mais Jean-Jacques n'était pas toujours pessimiste, et décrit dans l'*Émile* « deux jeunes époux, unis sous d'heureux auspices ».
Toute compétence pour interpréter le vol des oiseaux s'étant perdue, nous parlons aujourd'hui d'heureux auspices lorsque nous évaluons favorablement une situation. En cas de déception, nous ne pouvons nous en prendre qu'à nous-mêmes : si la situation se gâte, ne blâmons ni le destin ni les oiseaux.

AUSPICES

LE MOT DU PETIT ROBERT

[ɔspis] nom masculin pluriel
ÉTYM. *euspices* XIVe ◆ latin *auspicium*, de *avis* « oiseau » et *spicere* « examiner »
1. Dans l'Antiquité romaine, Observation des oiseaux, présage tiré du vol, des mouvements, de l'appétit, du chant des oiseaux, etc.

L'AVOIR DANS LE BABA

être trompé, floué

Quand on *l'a dans le baba*, on est si fâché d'avoir été dupé qu'on ne se consolera ni en mangeant un baba au rhum, ni en se lovant dans les bras d'une de ces grands-mères russes qu'on appelle des babas, ni en fréquentant des babas cools. En effet, quand on *l'a dans le baba* c'est qu'on a été trahi de la pire manière : par derrière.

Baba, dans cette expression, désigne en effet le postérieur du malheureux dupé. L'origine du mot est incertaine mais l'image se comprend si l'on évoque certaines babines. Au début du XXe siècle, *baba* a d'abord désigné en argot le sexe de la femme : les rapprochements de sens *bouche-vulve* (avec les lèvres) et *vulve-anus* sont fréquents. Et il est des séants si rebondis qu'ils rappellent des visages ronds, les fesses évoquant des joues dodues.

Si l'expression n'a guère plus d'un siècle, ce genre de métaphore ne date pas d'hier. Depuis le Moyen Âge, la tradition

B

carnavalesque, avec ses chansons paillardes et ses contes grivois, célèbre joyeusement un tel renversement. Et l'image perdure quand on dit vulgairement qu'on *l'a dans le cul*, *dans l'os* (du coccyx), qu'on s'est fait *posséder*, *baiser*, *entuber* (pour éviter un verbe de sonorité proche). En français du Canada, c'est plutôt se faire *fourrer*.

La langue populaire convoque donc l'image du derrière pour évoquer la duperie, comme la langue plus soutenue utilise celle du dos pour signifier la trahison : un traître poignarde quelqu'un *dans le dos* et médit *dans son dos*. Mais en avoir *plein le dos* ressemble bien à *plein le cul* (*ras le bol* est plus convenable). Ces parties vulnérables du corps humain sont donc les cibles des pièges sournois, ce qui nous laisse assurément *babas*... Mais ce *baba*-ci viendrait de *ébahi* !

> **Tu crois qu'ils vont se battre ? commençait Giovanna.**
> **– Mais non, pour qui, contre qui ? Il y aura une petite mise en scène, chacun sauvera ses meubles. Et les ouvriers, comme d'habitude, dans le baba.**
>
> Max Gallo, *La Baie des anges*, III, 1976

LA

BAGATELLE

une babiole, une chose de peu de valeur

S'*amuser à la bagatelle*, c'est *faire la chosette*, faire l'amour. Le peu de cas réservé à cette activité passe dans le langage : *faire cliquon-cliquette, faire chic-que-chacque, faire cosi-cosi.* C'est aussi, et depuis le XVIe siècle, *faire la pauvreté. Les pauvretés* étant les parties dites *honteuses* de l'homme comme de la femme, *la pauvreté de Dieu.*
L'idée de pauvreté circule encore au XXe siècle avec *le café du pauvre*, expression réactivée en 1983 avec le roman d'Alphonse Boudard. En exergue à son roman *Le Café du pauvre* (La Table Ronde), il précise : « Autrefois, lorsque le café était une denrée précieuse et réservée aux riches, à la fin du repas, on se payait le café du pauvre, c'est-à-dire l'amour, la joyeuse partie de jambes en l'air. »
Un homme à bonnes fortunes, aimé des femmes, est surnommé *bagatelier.* Ce fut le cas pour le roi Louis XV. De 1755

à 1771, il reçut au Parc-aux-Cerfs, à Versailles, un grand nombre de très jeunes filles. Quand elles accouchaient, il les dotait et s'arrangeait pour leur trouver un mari.

La bagatelle, c'est *la bricole*. Ce n'est pas sans un petit sourire en coin que sont évoqués « les bricoleurs du dimanche ».

Le coït, cette *chose* qui ne coûte rien, a pris une tournure figurée. « J'ai acheté ce corsage la bagatelle de 30 euros », autrement dit, la somme dérisoire de 30 euros. Le contraire de : « Ça m'a coûté un bras » ou « un œil ».

Une bagatelle, c'est une babiole, une petite chose de rien. Le mot seul est savoureux à prononcer. Et il est agréable de se promener au milieu des roses des jardins de Bagatelle, quand la saison s'y prête.

> **Il ne lui manque aucune de ces curieuses bagatelles que l'on porte sur soi, autant pour la vanité que pour l'usage [...]**
>
> Jean de La Bruyère, *Les Caractères*, 1688

RÔTIR LE BALAI

passer sa vie en des emplois médiocres, mener une vie dissolue

Jusqu'au XVIIe siècle, *rôtir le balai* ne présentait rien de joyeux : c'était en arriver au point de mettre son balai dans l'âtre, pour se chauffer, faute de bûches. On a dit *traîner son balai* pour traîner une vie difficile en dansant souvent devant le buffet, ne pas avoir mené une vie brillante.

C'est en ce sens que Saint-Simon emploie l'expression dans ses *Mémoires* (XVIIIe siècle) : « Madame de Maintenon [...] après avoir été si longtemps néant [pendant trente-deux ans] et, comme on dit, avoir si longtemps et si publiquement *rôti le balai* [...]. »

Mais il est probable que l'image des sorcières se rendant au sabbat rejoindre le diable et les feux de l'enfer, à califourchon sur un manche à balai, a été la plus forte. En tout cas, une

carte postale de 1910 montre quatre dames en petite tenue chevauchant un manche à balai. La légende souligne le sens érotique de l'expression : « Pas à plaindre, le balai ! ».
C'est Jean-Jacques Rousseau qui semble avoir utilisé l'expression dans cette seconde acception : « La première fois que je vis paraître cette fille à table [Thérèse Levasseur, qui deviendra sa compagne], je fus frappé de son maintien modeste, et plus encore de son regard vif et doux, qui pour moi n'eut jamais son semblable. [...] Notre hôtesse elle-même avait rôti le balai : il n'y avait là que moi seul qui parlât et se comportât décemment. » (*Les Confessions*, livre septième, 1789.)
Il était de la destinée de cette manière de dire de se diriger vers un sens grivois. Déjà, *épousseter* a longtemps signifié « coïter » ; le mouvement de va-et-vient de qui s'adonne à cette tâche ménagère de passer le balai ne peut qu'entraîner cette image.
De plus, en provençal, *faire le petit Raymond*, c'est coïter, *Ramoun* désignant le balai des sorcières. Il était de tradition qu'elles sortent par la cheminée de leur maison ; *faire ramounet*, c'est être tentée par le diable...

UN TROU DE BALLE

un anus

Le terme d'*anus*, assez soutenu, est peu utilisé dans le langage courant, qui a plutôt recours à *trou du cul* ou *trou de balle* pour désigner cet orifice. En effet, la ressemblance avec une blessure par balle est plus grande que l'on ne pourrait le penser de prime abord. Le plus souvent, les blessures par balle ont un certain nombre de caractères en commun : un *trou* de petite taille qui a tendance à se refermer, entouré de plusieurs zones concentriques rouges et noires. Bien entendu il faudrait voir les photos des deux trous de balle côte à côte pour constater que la ressemblance est « frappante ». Quant aux armes à feu, les pétards et autres pétoires, ça pète, ça pétarade ! Comme si la balle sortant du trou du canon était propulsée par un pet… Une certaine façon de *se renvoyer la balle*.

Trou de balle s'emploie comme injure, avec une tournure comme *espèce de trou de balle* qui revient plus ou moins à l'insulte « espèce d'imbécile ». Mais il est à noter le glissement assez drôle que subit l'expression avec son utilisation comme locution adverbiale : on rencontre ainsi *jusqu'à la saint trou du cul* ou bien encore *le trou du cul du monde*.
Dans le même registre de grossièreté, on peut penser à l'expression *avoir les yeux en trou de bite*, qui provient originellement de la non moins sympathique *avoir les yeux en trou de suce*. La *suce* est une tétine de biberon que l'on donne à un nourrisson pour le dissuader de sucer son pouce. La mince fente sur la tête de la tétine ainsi que sur le sexe masculin permettant alors le rapprochement avec les yeux presque fermés, que l'on peine à maintenir ouverts.
Le trou représentant un orifice donnant accès à une cavité, il y a pléthore d'expressions qui lui sont liées, dont les sens sont parfois si distincts que l'on aurait parfois envie de *se tirer une balle*. Que l'on songe au *trou à rat*, au *trou normand*, ou encore au *trou de mémoire*… Avec toutes ces expressions autour du trou, attention à ne pas vous perdre !

LE BAN ET L'ARRIÈRE-BAN

tout le monde

Pour signifier, avec une pointe d'ironie, qu'une personne a réuni autour d'elle une nombreuse assemblée, on dit qu'elle a convoqué *le ban et l'arrière-ban*. Pour se sentir soutenu dans un moment décisif ou pour faire face à une difficulté, on appelle à la rescousse ses proches et ses connaissances, sans forcément les convier à s'asseoir sur un banc. D'origine germanique, le mot *ban* désignait au Moyen Âge la convocation faite par le suzerain à ses vassaux. Le seigneur féodal était à la tête d'un territoire soumis à son pouvoir et à sa juridiction. Par une proclamation, le suzerain convoquait ses vassaux dans le but d'ordonner ou défendre quelque chose. Plus tard, le mot *ban* a désigné l'ensemble des nobles ainsi convoqués.

Plus surprenant, *l'arrière-ban* n'est pas un ban en arrière, car ce mot est issu de l'ancien français *herban*, mot oublié au fil des siècles. D'origine germanique, ce *herban*, en ancien allemand *heriban*, était une convocation à l'armée des hommes libres en état de porter les armes. Une armée de réserve, en quelque sorte, venant derrière les troupes actives. Au figuré, un ultime recours.
Ainsi, quand un seigneur convoquait *le ban et l'arrière-ban*, il rassemblait ses vassaux et les vassaux de ses vassaux en renfort. Avec la fin de la féodalité, ce droit a disparu. L'expression est réapparue au début du XIXe siècle avec le goût romantique pour le Moyen Âge. Et il est toujours rassurant de se comporter en seigneur pour se sentir moins seul face aux vicissitudes de l'existence.

LE MOT DU PETIT ROBERT

BAN

[bɑ̃] nom masculin
ÉTYM. v. 1130 « convocation faite par le suzerain à ses vassaux pour le servir à la guerre » ◆ francique °*ban* [...]
3. FÉOD. Convocation des vassaux par le suzerain, et PAR EXTENSION Le corps de la noblesse ainsi convoqué. [...]

ÊTRE PENDU AUX BASQUES DE QUELQU'UN

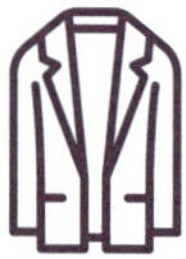

ne pas le quitter d'un pas

Lorsque quelqu'un fait preuve d'une amitié envahissante, on dit de lui qu'il nous *colle*, qu'il est *collant*. La métaphore a le mérite d'être comprise de tous, y compris de ce *pot de colle*. Lorsque la situation devient insupportable, on a envie de lui crier : *arrête de me coller aux basques !* Et cela n'a rien à voir avec le Pays basque ou avec ses habitants.

Aujourd'hui, on pourrait croire que ces basques ont un rapport avec les chaussures de sport, car on peut demander à l'importun de nous *lâcher les baskets*. Mais non, les baskets n'ont rien à voir avec ces basques-là.

Il faut remonter bien loin dans le temps pour comprendre cette expression : au XVIe siècle, où vraisemblablement nul

gentilhomme ne portait de baskets. Mais des basques, certainement : la basque était la partie rapportée d'une veste qui partait de la taille et descendait plus ou moins bas sur les hanches. Son nom serait une déformation de *baste*, mot de la famille de *bâtir*, qui signifie en couture « assembler provisoirement et à grands points les parties d'un vêtement ».
Être pendu (ou *s'accrocher*) *aux basques de quelqu'un*, c'est donc concrètement s'accrocher à sa veste. L'expression a perdu sa raison d'être depuis que les jaquettes ont cédé la place aux blousons et aux doudounes. Les temps ont passé et les basques ont disparu, il n'empêche que certains mots ne peuvent être décollés du bout de notre langue. Si l'ami envahissant lancé *à vos trousses* continue à vous *coller aux basques*, attendez-vous à des questions *à brûle-pourpoint*.

> **(…) il portait à présent l'habit à longues basques ouvert sur l'empesé de la chemise, et dressait, plus haut que son faux col, son profil imposant, aux noirs favoris, de conseiller à la Cour.**
>
> Georges Courteline, *Messieurs les ronds-de-cuir*, 1893

UNE VIE DE BÂTON DE CHAISE

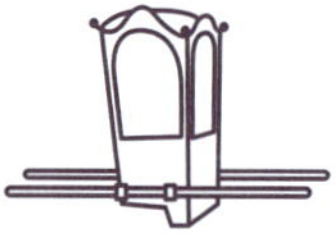

Une vie trop agitée, désordonnée

Pourquoi associer une chaise à l'agitation ? Si on imagine un simple siège à quatre pieds, le mystère reste entier. En réalité, il s'agit d'une *chaise à porteurs* : un moyen de transport prisé par les aristocrates des XVIIe et XVIIIe siècles dans les grandes villes européennes. Non seulement la chaise se déplaçait, mais les bâtons horizontaux que tenaient les porteurs étaient amovibles, enlevés et remis en place plusieurs fois par jour. *Une vie de bâton de chaise* évoque donc une agitation incessante, associée à l'idée de plaisir et de fêtes, mais aussi au trouble et à la confusion.
S'agiter, s'amuser, mener un train de grand seigneur, sans un instant de repos… Une telle attitude ressemble à ce que la psychiatrie nomme un épisode maniaque. Loin de nos *petites*

manies individuelles, ce terme désigne un état d'excitation et d'euphorie sans raison. La personne qui en souffre rit pour un rien, passe du coq à l'âne, parle sans cesse et dort très peu. Au début, pour l'entourage, cela peut être joyeux et festif, mais rapidement le rythme devient fou et insupportable. Une personne en état maniaque peut se lancer dans des achats impulsifs, dilapider des sommes importantes, ruiner sa famille. Incapable de se rendre compte de son état, elle n'écoute aucun rappel à la raison et, généralement, refuse tout traitement.

Souvent, lorsque l'épisode maniaque s'achève, une phase de dépression lui succède, aussi profonde que l'agitation était forte. La personne est alors victime d'une *psychose maniaco-dépressive*, ou *trouble bipolaire*, autrefois nommée *folie circulaire*.

Un fâcheux *retour de bâton*.

> **Cette vie de bâtons de chaise les étourdissait et leur donnait ce semblant de bonheur qui fonctionne comme un superbonheur. Comment en réclamer davantage ? Il n'existe aucune autre formule pour se griser et se perdre.**
>
> Roland Oberson, *Envols, courtes historiettes pour un voyage qui sans ça pourrait paraître long*, L'Âge D'Homme, 2008

METTRE DU BAUME AU CŒUR

apaiser, réjouir quelqu'un

Dans l'ancienne médecine, le *baume* était un calmant. En appliquer sur le cœur donne l'impression que l'on pourrait, comme pour une plaie, mettre un produit dessus afin de supprimer la souffrance ressentie. Il représente alors le réconfort moral.
Pourtant, la médecine moderne dispose d'un réel baume pour le cœur. Il s'agit d'un « dispositif transdermique », plus couramment appelé *patch*. Il se colle sur la peau et le produit qu'il contient la traverse et passe dans le sang de façon continue. Cela évite d'avaler un médicament ou de faire des injections.
Les patchs destinés à soigner le cœur contiennent de la trinitrine, de son vrai nom, « nitroglycérine ». Le principal effet

de ce médicament est la dilatation des artères et spécialement celles du cœur. Quant aux risques d'explosion, un patch ne contient que 1,6 mg de nitroglycérine. Pour avoir l'équivalent d'un bâton de dynamite, il faudrait extraire la nitroglycérine de plus de 50 000 patchs.
Voici une arme qui permet de sauver des vies. C'est de bonne guerre !

> **« Il est des baumes doux, des lustrations pures**
> **Qui peuvent de notre âme assoupir les blessures. »**
>
> André Chénier, *Bucoliques*, « La Liberté », 1788

CLOUER LE BEC À QUELQU'UN

le réduire au silence

Il est tentant d'imaginer que l'origine de cette expression serait un clouage en bonne et due forme, comme pour une porte que l'on souhaite condamner.

En l'occurrence, il faut empêcher que plus un mot ne sorte de la bouche de son interlocuteur. On veut l'immobiliser sur place, lui *river son clou*. *Bec* est un mot familier pour désigner la bouche dont on retrouve l'allusion dans *rabattre le caquet*. Le bec évoque ici celui d'un volatile piaillant à tue-tête. Cependant, *clouer* vient du verbe *clore* et ne signifie rien d'autre que « fermer la bouche » à quelqu'un, que l'on retrouve dans l'expression brutale et grossière de *ferme ta gueule*.

Le sens propre de cette expression n'est pas un mystère pour les chirurgiens qui doivent soigner les fractures du maxillaire inférieur. Nommé aussi *mâchoire inférieure* et maintenant

mandibule, cet os joue un rôle fondamental, notamment pour manger, parler et rire. Un coup de poing ou un accident de la circulation sont souvent à l'origine de ces fractures. Dans les cas graves, deux techniques sont possibles : soit la fixation des parties fracturées avec des vis et des plaques, soit en *clouant le bec*. Dans ce deuxième cas, l'opération consiste à attacher la mâchoire inférieure cassée à la mâchoire supérieure au moyen de barres d'immobilisation ou de dispositifs d'attache utilisant des fils métalliques ou élastiques. Ce dispositif doit être maintenu pendant plusieurs semaines en attendant la consolidation de la fracture.
Pour manger avec les deux mâchoires attachées, il suffit d'utiliser une grosse paille et de se contenter de liquides, de purées, de bouillies ou d'aliments mixés.
Pour parler, en revanche, c'est plutôt *motus et bouche cousue.*

« – Votre maman sera heureuse ici !
J'ai envie de lui clouer le bec mais à quoi bon m'en faire une ennemie ? Il est clair que pour elle ses vieux retombent en enfance. Elle les dorlote et elle les mate.
« J'en suis sûr », opine mon fils. »

Catherine Hermary-Vieille, *Le Roman d'Alia*, Albin Michel, 2008

TOMBER SUR UN BEC

rencontrer un obstacle imprévu, insurmontable

Rencontrer une difficulté inattendue est une expérience désagréable. Le rapport avec le bec de l'oiseau n'est pas évident. Cet appendice pointu peut provoquer quelques dommages mais c'est lui qui vient piquer ; pourquoi tomberait-on dessus ?

C'est sur la voie publique que se trouve l'origine de cette expression. Ou plutôt se trouvait car ce type de mobilier urbain a disparu. Au début du XIXe siècle, l'éclairage public était assuré par le gaz, un gaz baptisé « d'éclairage » ayant été découvert à la fin du XVIIIe siècle. Sous la Restauration, le gaz fut une noble lumière : la « Compagnie Royale d'Éclairage par le Gaz » honorait Louis XVIII. L'allumeur de réverbères cher au Petit Prince dut alors se convertir en allumeur de gaz. Les lampadaires étaient appelés *becs de gaz* et « les becs de gaz pissaient leur flamme au clair de lune » put écrire

Guillaume Apollinaire. Le bec du réverbère était précisément la partie de la lampe où se produit la combustion, l'extrémité du brûleur. On peut évoquer le *bec Bunsen*, cet instrument de laboratoire inventé par Faraday et qui produit une flamme ouverte. Ce bec, source de flamme, avait une tête vitrée qui réverbérait la lumière et un corps en forme de colonne. Rencontrer la colonne d'un bec de gaz était un incident douloureux qui survenait aux ivrognes titubant dans la rue et insoucieux des obstacles, ou encore aux distraits qui flânent le nez en l'air. De nos jours, bec et gaz étant signes d'un ancien temps, l'obstacle est figuré par toute difficulté inopinée sur laquelle on peut tomber.

> **Il séduit, pousse son avantage, puis il se débarrasse de la maîtresse encombrante. Ce coup-là, il est tombé sur un bec. Un frère ou le mari.**
>
> Alain de Libera, *Morgen Schtarbe*, 1999

AVOIR LE BÉGUIN

être amoureux

Autrefois, le béguin était une coiffe de toile légèrement amidonnée, attachée sous le menton par une bride et portée tant par les filles que par les garçons (jusqu'à sept ans pour les garçons, plus tard pour les filles). Son port signifiait : je suis encore une enfant, ne m'adressez point d'indiscrets propos. On sait que les filles étaient données en mariage à peine nubiles.

Dans *béguin*, on entend *bègue* : c'est la coiffure que l'enfant porte avant de savoir parler. Le lien avec l'enfance s'est ressenti dans quelques expressions : *connaître quelqu'un dès le béguin*, c'est le connaître depuis l'enfance ; *avoir encore son premier béguin* : être sans expérience parce que trop jeune. On disait : « Les ânes ont les oreilles longues parce que leurs mères ne leur ont pas mis de béguins. »

Au siècle des Lumières, des voix s'élevèrent contre le port de ce qui fut considéré comme une entrave à la croissance de l'enfant. Soucieux d'éducation, Jean-Jacques Rousseau se mit à proscrire cette coiffe incommode. Non à l'aplatissement des oreilles, vive leur redressement ! On parla alors d'« oreilles à ressorts ».

Quand nous voyageons en Hollande, nous prenons plaisir à faire le tour des béguinages - surtout à Haarlem -, qui sont des endroits privilégiés de calme et de pittoresque. À partir du XIVe siècle, des *béguines* se mirent à vivre en communauté sans être cloîtrées, femmes célibataires ou veuves sans enfant, et les *béguinages* se développèrent surtout en Allemagne du Nord et aux Pays-Bas. Leur nom viendrait du fait que certaines religieuses, à partir du XIIe siècle, suivirent les préceptes de Lambert le Bègue, prêtre de Liège. Le mot a pris une teinte dépréciative. Une *béguine*, c'est une hypocrite, *une grenouille de bénitier, une mangeuse d'images pieuses.*

S'embéguiner de quelqu'un, c'est en être ravi, en avoir la tête pleine, en être *coiffé, toqué*, à en devenir fou. Signalons qu'en provençal, *perdre la béguine*, c'est perdre la tête. Gardons à l'esprit cette formule : « Elle suivrait n'importe quel chien coiffé qui passe. » Car ce *béguin* ne serait qu'*une passade, un caprice, un feu de paille, un déjeuner de soleil.*

Si l'on se dirige, un instant, du côté des sens dérivés, *chasser la caille coiffée*, c'est courir le guilledou*, mais aussi se contenter de peu, n'être pas très exigeant. Quant à *bien laver le béguin de quelqu'un*, c'est le gronder, lui remonter les bretelles.

PASSER SUR LE BILLARD

se faire opérer

Le jeu de billard serait né au Moyen Âge de l'ennui des pages, des troubadours et des trouvères menant une soi-disant vie de château dans les châteaux forts. Les troubadours chantant l'amour - courtois - nous mettent déjà sur une voie tendancieuse. Le jeu se pratique, au départ, en plein air, sur un terrain plat.

Le mot est toujours employé pour désigner une route au macadam tout récent : « Cette route, c'est du billard ! » On dit aussi : « C'est un vrai tapis. » Dès la fin du XIIIe siècle, le billard se joue en effet à l'intérieur, sur une table recouverte d'un tissu.

Comme il se pratique avec des boules et une queue, l'allusion grivoise n'a pas manqué d'apparaître. À l'origine, le mot *billard* désigne la queue seule, avant de donner son nom au jeu lui-même. N'oublions pas qu'au XVe siècle, il fut l'objet d'une interdiction, probablement liée à ces sous-entendus graveleux ; ce qui ne fit, évidemment, que contribuer à assurer son succès.

C'est pendant la Première Guerre mondiale que le mot change de camp. Il désigne le terrain de combat. *Monter sur le billard*, c'est alors, en 1915, sortir de la tranchée pour l'assaut. On disait aussi *monter sur le tapis*.

Selon Gaston Esnault, le billard désigne, en 1916, la table d'opération chirurgicale. Et *monter sur le billard*, c'est être opéré. La réalité linguistique de cette drôle de transposition : l'humour de ceux qui étaient partis la fleur au fusil, les *poilus*, qui ne manquaient pas de courage, qui « en avaient ». Et c'est par antiphrase qu'ils ont fait passer le billard comme lit au billard comme table d'opération.

À la fin de la guerre, seule l'acception chirurgicale est demeurée. Peu à peu, de *monter*, on est arrivé à *passer*. *Passer sur le billard* n'étant pas une partie de plaisir !

« Le précédent détenu, faute d'une intervention énergique, était resté sur le billard. »

René Vigo, *Les Hommes en noir*, 1954

ÊTRE EN BISBILLE AVEC QUELQU'UN

se quereller avec quelqu'un pour des motifs futiles

Quand deux personnes sont *en bisbille*, elles sont fâchées l'une contre l'autre, mais leur querelle ressemble davantage à une dispute d'enfants qu'à une crise diplomatique : la brouille est passagère et de peu d'importance. La futilité du motif semble se manifester jusque dans les sonorités de *bisbille* : telle une *brouille* pour un sac de billes, ou une *bouderie*, ce mot ne laisse entendre ni cris ni coups, plutôt quelque *broutille*, et qu'on *bredouille* des reproches pour marquer son mécontentement. Il sonne comme un bourdonnement, ce que confirme son origine : *bisbille* est un mot emprunté à l'italien *bisbiglio* qui veut dire « murmure ». Le glissement de sens du *murmure* à la *dispute* se devine : *murmure* signifie aujourd'hui « chuchotement » et « bruit léger et doux », mais son sens originel est « grondement, bourdonnement ». On parlait ainsi des *murmures* d'une foule en colère.

L'expression souligne à quel point la querelle sonne faux. Non seulement elle est vaine, mais, comme le rappelle George Sand dans *La Petite Fadette*, elle peut même être inventée de toutes pièces : « Si quelque badaud s'étonnait de les voir en bisbille, ils se cachaient pour rire de lui, et on les entendait babiller et chanter ensemble comme deux merles dans une branche. »

La bisbille est une querelle sans lendemain, une querelle de comédie. On ne s'étonnera donc pas que le mot nous soit venu du pays qui vit naître la commedia dell'arte et l'opéra bouffe, ces spectacles qui mettent en scène d'innombrables disputes, aussi sonores que légères.

> **Brouillé avec son ex, en bisbille avec ses sœurs et sans nouvelles de sa mère depuis sept ans, il a claqué la porte de chez son père en mars dernier.**
>
> L'Est républicain, 2013

BISQUE,

BISQUE, RAGE !

formule employée notamment par les enfants lorsqu'ils font la nique à quelqu'un

La taquinerie enfantine ne manque pas de ressources pour faire tourner son prochain en bourrique. Elle se trouve illustrée par une amusante expression devenue quelque peu désuète : *bisque, bisque, rage !* Cette formule, plus ou moins méchante, est en tout cas plus énergique que *nanananère*.

Il n'est en rien question de la *bisque*, ce potage onctueux fait avec des crustacés. Tout comme *rage* est celui de *rager*, *bisque* est ici un impératif : celui de *bisquer*, « éprouver du dépit, de la mauvaise humeur », qui s'emploie encore dans une autre expression, *faire bisquer quelqu'un*, « le faire enrager ».

L'origine de ce verbe demeure obscure. Certains y voient une dérivation du provençal *bisco* « mauvaise humeur, fâcherie, impatience », lui-même emprunté à un mot dialectal italien *biscare*, « s'emporter ». Mais cette explication peu appuyée n'est guère convaincante.

D'autres le rapprochent plutôt de l'occitan *biscaïn* « de Biscaye » : tout comme les Gascons étaient vantards et les Basques couraient vite, les habitants de cette région d'Espagne auraient eu au XVIIe siècle la réputation d'avoir très mauvais caractère. Belle illustration des préjugés qui avaient cours alors !

On a aussi rattaché *bisquer* au vieux verbe *bisicare* « aller de biais, de travers », dont viendrait également le dialectal *bisco* « chèvre », sans rapport avec *bique*. La chèvre est têtue, c'est un fait. Et l'on ne peut qu'être séduit par cette hypothèse qui nous rappelle une autre expression utilisée pour dire que l'on fait enrager quelqu'un : *faire devenir chèvre.*

> **Nous commençâmes de courir autour d'elle ; nous tirions ses boucles et nous échappions en frottant un index contre l'autre : « bisque, bisque, rage... »**
>
> François Mauriac, *La Pharisienne,* 1941

AVOIR

BON PIED

BON ŒIL

avoir une allure vive et alerte

Le *bon pied*, c'est la stabilité, la rapidité. Le *bon œil*, c'est la vue perçante. La combinaison des deux nous donne une personne en pleine santé, dynamique et alerte. Virginia Apgar, directrice du département d'anesthésiologie de l'université Columbia aux États-Unis, a mis au point en 1952 un score d'évaluation de la vitalité des nourrissons à la naissance.

Ce test évalue des constantes vitales fondamentales moins d'une minute après la naissance. L'idéal est que le rythme cardiaque soit supérieur à 100, la respiration normale et efficace, les quatre membres repliés sur le corps. Le nourrisson doit aussi avoir poussé un cri et sa peau doit être rose. On effectue un deuxième test cinq minutes après, sur les mêmes critères, ce qui permet de voir l'évolution des paramètres.

Initialement, Apgar souhaitait évaluer la vitalité des nourrissons dont la mère avait subi une anesthésie. Par la suite, ce test fut généralisé à tous les nouveau-nés, puis à l'ensemble des maternités des États-Unis, et enfin dans le monde entier. On l'utilise encore aujourd'hui de manière systématique. Le succès de ce test vient de sa simplicité, de sa rapidité et de sa fiabilité.

Aucun accessoire n'est nécessaire, sauf une montre pour mesurer le pouls, un papier et un crayon. Tous les médecins, dès leurs premières années d'études, connaissent par cœur les paramètres du test d'Apgar et leurs cotations. On a mené de nombreuses études statistiques sur le devenir des enfants dont le score était bas. Toutes ont confirmé le caractère prédictif du test et le rôle qu'il pouvait jouer dans la surveillance des nouveau-nés.

Une belle façon d'accueillir un bébé avec un test *simple comme bonjour*.

**J'ai bon pied, bon œil, bonne santé.
J'espère vivre encore assez pour savoir dans quel chemin vous mettrez les pieds.**

Honoré de Balzac, *La Rabouilleuse*, Gallimard, 2008

UN BONBON LA FESSE

un suppositoire

Le suppositoire industriel n'est pratiquement utilisé qu'en France et dans les pays latins. Cette forme médicamenteuse est quasiment interdite dans certains pays, comme en Russie. Ailleurs, notamment dans les pays anglo-saxons, le suppositoire n'est autorisé que pour des traitements locaux, comme les poussées d'hémorroïdes.
Le clystère, ce lavement effectué au moyen d'une grosse seringue, disparaît vers la fin du XVIIIe siècle. À la même époque, les pharmaciens découvrent le beurre de cacao, graisse miracle qui fond à la température du corps humain. Cela permet l'invention du suppositoire moderne, moins pénible que le clystère. On peut même dire qu'après avoir « détrôné » les lavements, le suppositoire a connu une belle « ascension ».

La composition du suppositoire à base de beurre de cacao rendait cette expression réunionnaise particulièrement pertinente. Malheureusement, l'augmentation du coût du beurre de cacao l'a fait remplacer par des produits de synthèse. Pourtant, le beurre de cacao ne coûte pas *la peau des fesses*.

JETER SON BONNET PAR-DESSUS LES MOULINS

braver l'opinion, se moquer du qu'en-dira-t-on

La métaphore correspond à un endroit précis, où se trouvaient autrefois des moulins, en contrebas du Pont-aux-Meuniers, à Paris. Ce pont, appelé aussi le Pont-aux-Oiseaux, reliant le quai de l'Horloge à celui de la Mégisserie, constituait un rendez-vous galant idéal : les grandes roues des moulins à eau édifiés entre plusieurs de ses arches faisaient beaucoup de bruit ; ce qui assurait une relative intimité aux amoureux. C'est depuis ce pont que certaines jeunes personnes, décidées à se lancer dans une escapade amoureuse, jetaient symboliquement, en un geste libérateur, leur bonnet dans la Seine au-dessus des roues des moulins situés en contrebas. On a dit aussi *jeter sa cornette par-dessus les moulins*.

Un proverbe s'est emparé de l'image :

« Je jetai mon bonnet par-dessus les moulins,
Et je ne sais ce que tout devint. »

C'est donc, aussi, assumer les conséquences de ses actes et, en particulier, se moquer du tiers comme du quart de ce que les autres penseront.

Au XVIIIe siècle, l'expression s'employait familièrement lorsqu'on ne savait pas comment finir un récit. Ainsi, quand Mme de Sévigné raconte à sa fille, dans une lettre du 26 avril 1671, la mort de Vatel, telle qu'elle lui a été rapportée, elle précise : « Je jette mon bonnet par-dessus les moulins, et je ne sais rien du reste. »

Quand Voltaire, connu pour ses retentissantes colères, affirme : « J'ai pris mon parti sur tout, et je jette mon bonnet par-dessus les moulins, afin de n'avoir pas la tête si près du bonnet », il se réfère au fait que rien n'est plus propre à échauffer la tête qu'à la tenir enfoncée dans un bonnet.

Quand un homme décide de quitter l'habit monastique – généralement contre le gré de ses supérieurs –, il *jette son froc aux orties*. Il ne s'agit pas du *froc*, le pantalon, mais du *floc*, la houppe qui se mettait au capuchon d'une cape. On a fini par appeler *froc* la cape elle-même. C'est ainsi que les deux expressions se rejoignent.

AVOIR UNE HALEINE DE BOUC

avoir mauvaise haleine

Le bouc, est connu pour l'odeur très forte qu'il dégage, de son corps. Mais comme pour ses variantes, avoir une haleine de *chacal*, de *fennec*, de *cheval*, de *poney*... l'animal semble choisi plus pour impressionner que pour la réalité de l'odeur de son haleine. L'expression *avoir une haleine de mammouth* le prouve bien, car s'il y a bien une chose que l'on ne peut pas connaître de ce fossile de la Préhistoire, c'est son haleine.

La mauvaise haleine est un motif banal de consultation médicale. La plupart du temps, les personnes qui s'en plaignent craignent une infection de la bouche, des dents ou des sinus. Cela peut se produire, mais le plus souvent, la mauvaise haleine provient d'un fonctionnement normal du système digestif.

Lorsque l'estomac est vide, il se contracte et l'orifice supérieur (le cardia) a tendance à s'ouvrir. À ce moment-là, l'odeur fétide du fond de l'estomac remonte et se mêle à l'air que l'on expire. Cette odeur désagréable est normale et se manifeste surtout le matin à jeun ou lorsqu'on a *l'estomac dans les talons*.

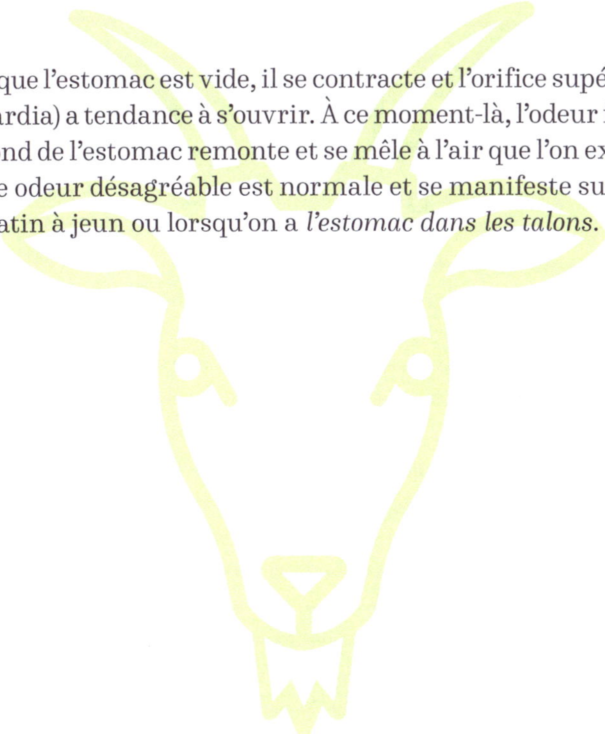

LE MOT DU PETIT ROBERT

HALEINE

[alɛn] nom féminin

ÉTYM. *aleine* 1080 ◆ ancien français *alener*, du latin *anhelare* ; *h* du latin *halare* « souffler »

1. Mélange gazeux qui sort des poumons pendant l'expiration et s'exhale par la bouche et le nez.

UN BOUILLON D'ONZE HEURES

un breuvage empoisonné

Cette expression est bien mystérieuse, car si elle évoque un empoisonnement, les termes qui la composent sont énigmatiques.

Normalement, un bouillon est un liquide clair, obtenu par ébullition, peu apte à dissimuler un poison. Par ailleurs, c'est bien l'heure à laquelle le bouillon est censé être consommé - onze heures - qui le distingue du bouillon habituellement consommé au dîner. Dans les romans policiers, minuit est l'heure du crime et, pour que le poison fasse son œuvre, il faut bien que la victime l'absorbe vers onze heures. En est-il de même dans la réalité ?

La fameuse affaire des Poisons à l'époque de Louis XIV pourrait apporter une explication. La marquise de Brinvilliers fut à l'origine de cette affaire, car elle empoisonna en 1666 son père puis ses deux frères et sa sœur. Il semblerait qu'elle fit usage d'un bouillon empoisonné aux sels de mercure, mais rien n'est dit de l'heure à laquelle les victimes consommèrent ledit bouillon.

Plus récemment, des affaires de meurtres en série dans des hospices de personnes âgées ont défrayé la chronique. Les personnes en cause travaillaient de nuit, mais n'utilisaient pas de bouillon. L'arme du crime était la *piqûre d'onze heures*.

En matière d'affaires sordides, on peut songer aux bouillons que préparaient les (présumées) sorcières dans leurs marmites. Que ce soit dans l'imaginaire commun ou dans une réalité antérieure, cette préparation revêt un aspect magique, voire maléfique.

De nos jours, *boire un bouillon* peut signifier également « avaler involontairement de l'eau, notamment en nageant », locution plus souvent formulée par *boire la tasse*.

Avec tous ces liquides, attention à ne pas finir *trempé comme une soupe*.

> **Cette chanson citée imparfaitement poussait dans le crâne de Jean-François comme ces mauvaises herbes qui entrent dans la préparation des bouillons d'onze heures.**
>
> Pierre Mac Orlan, *Sous la lumière froide*, Gallimard, 1961

UN

BOUTE-EN-TRAIN

une personne qui met de l'ambiance dans une réunion

On peut inviter un boute-en-train pour que la fête soit réussie : par sa bonne humeur communicative, il garantit une ambiance chaleureuse et rend conviviale la réunion.

Au début du XVIIIe siècle, *boute-en-train* figure dans le *Dictionnaire de l'Académie*, mais c'est d'abord à propos des oiseaux que l'on place auprès de leurs semblables pour les inciter à chanter. L'emploi figuré y est également attesté : « on appelle aussi de la sorte dans le style familier et bas, Un homme de plaisir, qui excite les autres, et qui les met en train ».

Dans les haras, l'ambiance peut relever d'une excitation très particulière : le *boute-en-train* est le cheval que l'on approche des femelles pour déceler celles qui sont en chaleur. Il les rend fécondables, avant l'accouplement avec le reproducteur, rôle dévolu au seul étalon avec pedigree. Le *boute-en-train*, qui doit se contenter des préliminaires et des ruades de la belle, est aujourd'hui un mâle traité aux androgènes, ce qui n'est pas d'une folle gaieté.

Il est difficile de reconnaître dans *boute* une forme du verbe *bouter*, ancien synonyme de *pousser* ou de *refouler* : les manuels d'histoire en conservent l'usage, rappelant que « Jeanne d'Arc bouta les Anglais hors de France ». Quant à *en train*, c'est précisément « en mouvement, en action, ou en humeur d'agir ».

Qu'il soit volatile, équidé ou convive, le boute-en-train met en train. Il traîne et tire vers l'envie d'agir, et surtout de s'amuser.

> **Dans les cabarets, on faisait cercle autour de lui *(l'oncle Pierre)*… il était la vie, l'âme, le boute-en-train de tout le monde.**
>
> Ernest Renan, *Souvenirs d'enfance et de jeunesse*, 1883

LAISSER LA BRIDE SUR LE COU DE QUELQU'UN

le laisser libre de faire ce que bon lui semble

On le sait : le cheval est la plus belle conquête de l'homme. Rien d'étonnant à ce qu'il soit présent au moment de la conquête amoureuse.

Avoir la bride sur le cou, c'est faire ce que bon nous semble, sans retenue. « Les belles petites juments étaient échappées ; elles coururent longtemps, comme fait la jeunesse quand elle a la bride sur le cou. » (Mme de Sévigné à Mme de Grignan, 21 décembre 1689.) On dit aussi *mettre la bride sur le cou*.

L'expression ne s'emploie pas seulement dans le registre érotique. Elle peut être la métaphore de toute espèce de liberté, notamment dans l'écriture :

« En ce vieux temps mon désir était de franchir cette entrée [comme un écriteau ENTRÉE INTERDITE] et non comme beaucoup plus tard [...] de faire sauter le verrou en laissant la bride sur le cou à l'écriture pour accéder à un merveilleux tout autre que celui des faits. » (Michel Leiris, *Langage tangage ou ce que les mots me disent*, Gallimard, 1985.)

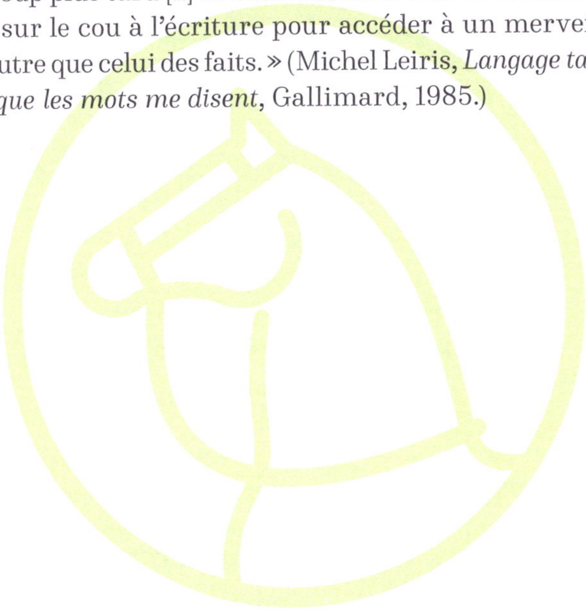

La première chose que je fis fut de laisser ma mule aller à discrétion, c'est-à-dire au pas. Je lui mis la bride sur le cou [...]

Alain-René Lesage, *Gil Blas*, 1735

BATTRE LE BRIQUET

heurter la pierre à briquet pour en tirer une étincelle

Le mot *briquet*, au XIIe siècle, désigne un fusil. Et la pierre à fusil produit des étincelles. L'évocation de la pierre ne vous rappelle-t-elle pas un personnage qui vous est familier depuis la petite enfance : Pierrot ? C'est probablement la seule fois où apparaît l'expression : dans la chanson *Au clair de la lune*.

Les avis sont partagés quant à sa date de création. De toute façon, c'est avant la Révolution. Ce que l'on sait : elle se chantait sur l'air de *Roulant ma brouette*.

Quand Jules Ferry a rendu l'école obligatoire, il a bien fallu trouver des chansons ; on a puisé dans un répertoire destiné aux adultes, avec un contenu plutôt leste. « Les chansons les plus connues des enfants, dont résonnent les cours de récréation, ont donc eu un contenu ouvertement sexuel qui a parfois totalement disparu dans leur version contemporaine, mais reste encore à l'œuvre dans certaines, sous une forme allusive ou elliptique. La plus célèbre d'entre toutes : *Au clair de la lune.* » (Philippe Grimbert, *Psychanalyse de la chanson*, Fayard, 2013.)

Les deux premiers couplets - repris par des générations d'enfants - ne doivent pas nous faire oublier les deux suivants, la plupart du temps censurés :

« Au clair de la lune l'aimable Lubin
Frappe chez la brune, elle répond soudain :
Qui frappe de la sorte ? Il dit à son tour :
Ouvrez votre porte, pour le dieu d'Amour.

Au clair de la lune, on n'y voit qu'un peu,
On chercha la plume, on chercha du feu.
En cherchant de la sorte, je ne sais ce qu'on trouva,
Mais je sais que la porte sur eux se ferma. »

On n'ouvre pas la porte pour « l'amour de Dieu », mais pour « le dieu d'Amour ». Pierrot est un sentimental ; il a un cœur d'amadou. En provençal, *l'amador*, l'amoureux, c'est celui qui s'enflamme facilement, à l'instar de la mèche des briquets, autrefois confectionnée à partir d'un champignon du chêne, *l'amadouvier.*

MARCHER SUR LES BRISÉES DE QUELQU'UN

entrer en concurrence avec quelqu'un
sur un terrain qu'il s'était réservé

Quand on dit qu'on marche sur les platebandes de quelqu'un, l'image est claire : le domaine sur lequel on empiète est représenté par une bande de terre cultivée qu'on pourrait saccager en la piétinant. Si l'on dit, dans un registre moins familier, que l'on marche sur ses brisées, l'origine de l'expression garde son mystère.
C'est au fond des forêts que se trouve l'explication. Les brisées sont des branches que l'on rompt pour servir de repère, notamment lors d'une chasse à courre. Le veneur brise des rameaux, qu'il laisse pendre *(briser haut)* ou dispose à terre *(briser bas)*, bien en évidence, pour marquer l'endroit où le gibier est passé et indiquer sa voie. Respectant un code séculaire, il balise le chemin de *brisées*, tel le Petit Poucet

semant ses cailloux. Il faut prendre garde à la direction des petites branches, le bout rompu indiquant le côté par lequel la bête est entrée. Le mot s'était illustré au figuré : *suivre les brisées de quelqu'un* signifiait « suivre son exemple », comme on suit la trace du chasseur qui vous a *mis sur la voie*.
Il faut conserver une certaine distance pour éviter les collisions. Si l'on imite quelqu'un au point de lui faire concurrence, on devient un rival sur son terrain. C'est ce que signifie *marcher* (ou *aller*) *sur les brisées* : métaphoriquement « poursuivre le même gibier qu'un autre ». Pour filer la métaphore cynégétique, il ne s'agit pas de courir deux lièvres à la fois : il n'y a qu'un lièvre pour deux chasseurs. Situation inconfortable, mais *brisons-là*, pour éviter toute querelle !

LE MOT DU PETIT ROBERT

BRISÉES

[bʀize] nom féminin pluriel
ÉTYM. XIIIe ◆ de *briser*
▪ VÉN. Branches que le veneur rompt (sans les détacher de l'arbre) pour marquer la voie de la bête. [...]

Souffler dans les BRONCHES

sermonner, réprimander

Si l'on vous « souffle dans les bronches », ce n'est pas pour vous aider à respirer, mais plutôt pour vous *clouer le bec*... Cette expression décrit des réprimandes de manière très imagée. L'emploi du verbe *souffler* montre les paroles de reproche s'abattant sur le fautif comme un vent de fureur. Les termes « *dans les bronches* » renforcent encore l'image : la personne en colère hurle si fort que son souffle atteint les poumons de celui qu'elle réprimande. On imagine aisément ce dernier la bouche ouverte, dans une attitude d'étonnement et de crainte... Il se prend une *soufflante*.

Souffler dans les bronches n'évoque que la violence de la réprimande, rapprochée d'un vent ou d'une tempête. L'expression *remonter les bretelles* est quant à elle un peu différente. Quand on tire ou resserre des bretelles, c'est pour empêcher un pantalon de tomber. Il s'agit donc, plutôt, de remettre quelqu'un à sa place, voire de le remettre dans le droit chemin.

Depuis 1981, certains se font souffler dans les bronches, au sens propre, et ne s'en portent que mieux. C'est à cette date que sont employés les premiers appareils de ventilation par pression positive continue (PPC), afin de traiter l'apnée du sommeil. Celle-ci, identifiée dans les années 1960 sous le nom « d'apnée obstructive du sommeil », touche plutôt des personnes obèses, hypertendues et qui ronflent bruyamment. Lorsqu'elles dorment, leur respiration se coupe pendant plus de dix secondes.

Pour supprimer ces pauses respiratoires, un appareil souffle en permanence de l'air sous pression dans les bronches, à travers un masque. Contrairement à ce que l'on pourrait penser, un grand nombre de patients s'habituent très bien à ce matériel. Leur sommeil devient plus reposant et, à la longue, leur tension et leur poids se normalisent.

On peut dire désormais que les ronfleurs *ne manquent pas d'air.*

Rudi passe sa main dans ses cheveux :
- J'ai comme l'impression qu'il n'avait pas tellement envie de s'attarder…
- Peut-être que maman lui avait soufflé dans les bronches ?

Gérard Mordillat, *Les vivants et les morts*, Calmann-Lévy, 2005

FAIRE L'ÉCOLE

BUISSONNIÈRE

jouer, se promener au lieu d'aller en classe

D'un enfant qui manque la classe en cachette de ses parents, pour se livrer à d'autres occupations plus plaisantes, on dit qu'il *fait l'école buissonnière*, en l'absence de tout *buisson*.

Manière bucolique, un peu désuète, de désigner ce que l'on nomme administrativement *absentéisme*, prélude au terrible *décrochage scolaire*, cette *école buissonnière* est plus positive. C'est un espace de liberté et de provocation potache, associé aux joies de la camaraderie. Elle renvoie aux expériences de tous ceux qui « sèchent les cours » pour faire autre chose et pouvoir nourrir leur créativité, comme le héros des *400 Coups* et François Truffaut lui-même, qui en profitait pour aller au cinéma.

Dans son *Dictionnaire*, Furetière cite une hypothèse amusante : « l'école est appelée *buissonnière*, lorsqu'on la fréquente

B

si peu, que les ronces et les buissons y naissent ». Pour d'autres, les écoles buissonnières étaient des écoles clandestines tenues dans les campagnes par des luthériens qui ne pouvaient pas enseigner publiquement leur dogme. Quoi qu'il en soit, *buissonnière*, dérivé de *buisson*, évoque la nature plutôt que la salle de classe. De là l'idée de vaquer à des activités extérieures, d'aller à la découverte du monde, au lieu de se plier au cadre scolaire et à son espace restreint.

Loin des *sentiers battus*, les chemins de traverse qui permettent de battre les buissons sont comme une école hors les murs. On comprend mieux que le cinéaste Jean-Paul Le Chanois ait intitulé *L'École buissonnière* un film consacré à la pédagogie alternative développée par Célestin Freinet, les buissons symbolisant l'ouverture de l'école sur le monde.

> **« De toutes les écoles que j'ai fréquentées, c'est l'école buissonnière qui m'a paru la meilleure et dont j'ai le mieux profité. Il n'est tel que de muser, ô mes amis. On y gagne toujours quelque chose. »**
>
> Anatole France, *Le Petit Pierre*, 1918

CARBURER DU

BULBE

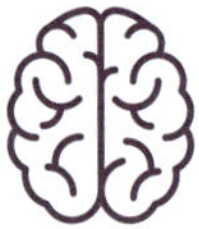

réfléchir intensément

Carburer vient de *carbure*, abréviation de *carbure de calcium*, un produit réagissant avec l'eau pour donner de l'acétylène. Cette réaction chimique a permis la mise au point des lampes à acétylène en 1892. Par la suite, *carburer* s'est aussi appliqué au fonctionnement du moteur à explosion consommant du carburant et muni d'un carburateur. Dans les deux cas, pour fonctionner, il fallait que ça carbure. Rapidement, les sportifs se sont approprié la locution « ça carbure ? » à la place de « ça marche, ça fonctionne ? ».

Le *bulbe* désigne le cerveau, par analogie avec la forme arrondie des bulbes de fleur. *Carburer du bulbe*, c'est donc « faire fonctionner le cerveau, réfléchir ».

En anatomie, c'est à la base du cerveau que se trouve le « bulbe rachidien », régulateur des automatismes (respiration,

fréquence cardiaque, etc.). On peut dire que c'est une partie du cerveau où, justement, il n'est pas question de réflexion. L'intelligence se situe plus haut, dans la matière grise.
Pour les neurologues, même en *carburant du bulbe*, on n'aura jamais la grosse tête.

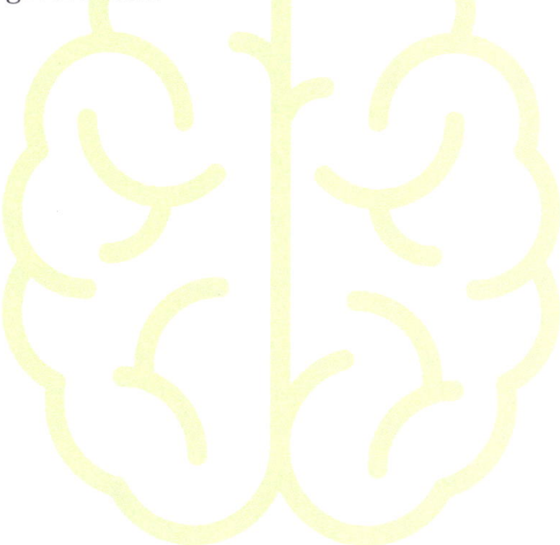

LE MOT DU PETIT ROBERT

BULBE

[bylb] nom masculin
ÉTYM. XVe ◆ latin *bulbus* « oignon »
2. ANAT. Renflement arrondi et globuleux.
COUR. *Bulbe rachidien* : segment inférieur de l'encéphale, qui fait suite à la moelle épinière [...]

RAMOLLI DU BULBE

lent à comprendre, peu intelligent

Le participe passé *ramolli* suffirait à lui tout seul, puisque *ramollie* ou *molle* se dit d'une personne dont le cerveau est affaibli. Que ce soit dans les locutions synonymes de *ramolli du bulbe*, *mou du bulbe* ou encore *atrophié du bulbe*, l'ajout de ce terme supplémentaire, *bulbe*, est donc un peu tautologique.

De par sa forme ronde, le bulbe évoque la tête. En anglais, le mot *bulb* désigne l'oignon, ce qui peut venir éclairer la signification de l'expression en ce que, tout comme le cerveau, l'oignon a la fâcheuse tendance à se ramollir avec le temps.

Le ramollissement cérébral est aussi le nom d'une maladie qui est la conséquence d'un accident vasculaire cérébral. Les termes d'*attaque* ou d'*apoplexie* ont longtemps été utilisés dans le langage courant pour désigner un AVC. L'origine de cet « accident » est l'arrêt brutal du passage du sang dans une artère du cerveau. Pour les spécialistes, le terme

ramollissement, pris en son sens médical, signifie que, dans la partie du cerveau atteinte, les cellules mortes n'assurent plus la cohésion du cerveau qui devient alors *mou*. L'effet le plus marquant consiste en une paralysie de la moitié du corps (aussi appelée *hémiplégie*), car les cellules atteintes sont, en général, celles qui commandent la contraction des muscles. Les fibres nerveuses se croisant dans la moelle épinière, la paralysie touche les muscles de la moitié opposée du corps.
Depuis quelques années, la prise en soins des AVC a fait beaucoup de progrès, non seulement dans le raccourcissement de délais d'intervention, mais aussi dans les traitements. Cela permet d'en diminuer la gravité et d'améliorer la récupération. Dorénavant, après un AVC, les capacités intellectuelles restent majoritairement intactes.
Ne reste que le souvenir d'un petit coup de mou.

> **« À mesur' que je deviens vieux**
> **Je m'en aperçois mieux**
> **J'ai le cerveau qui flanche**
> **Soyons sérieux disons le mot**
> **C'est même plus un cerveau**
> **C'est comm' de la sauce blanche »**
>
> Boris Vian, *La java des bombes atomiques*,
> Éditions Musicales Tutti Intersong, 1955

COINCER LA BULLE

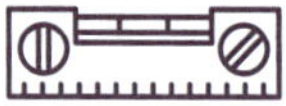

se reposer, rester sans rien faire

Bulle désigne dans cette expression celle d'un niveau à eau permettant d'assurer la visée des canons à tir courbe (aussi appelés *mortiers*). *Coincer la bulle* consiste alors à la mettre entre deux repères jusqu'à ce qu'elle ne bouge plus. Cette opération étant exécutée, les servants du mortier n'ont plus qu'à attendre sans rien faire. La bulle qui ne bouge plus dans le niveau à eau représente bien le calme et le repos de quelque chose de *calé*.
Dans la Rome antique, la *bulla* désigne un pendentif rond que portaient les enfants des citoyens romains. Il était en or pour les membres des classes supérieures (les familles de sénateurs, de chevaliers…) et en cuir pour les autres. Le pendentif contenait des amulettes protectrices censées garder l'enfant de divers maux jusqu'à ce qu'il devienne adulte. Les filles quittaient leur *bulla* à leur mariage, et les garçons lors d'une cérémonie de passage à l'âge adulte.

Plus récemment, le verbe *buller*, dont l'usage était auparavant réservé au pape (qui scelle une bulle pontificale avec une petite boule en métal, telle une *bulla*), s'est appliqué à ceux qui « coincent la bulle », c'est-à-dire à ceux qui ne font rien.

La trypanosomiase africaine est une façon moins réjouissante de *coincer la bulle*. Cette maladie est mieux connue sous le nom de « maladie du sommeil ». Le trypanosome, qui en est la cause, est un parasite transmis par la piqûre de la fameuse mouche tsé-tsé. En fait de sommeil, il s'agit de troubles neurologiques entraînant, en l'absence de traitement, une sorte de torpeur, de léthargie puis de coma.

De nombreuses recherches ont été faites notamment pour éviter les piqûres de cette mouche. C'est ainsi que les entomologistes se sont aperçus que cette espèce était attirée par les étendues de même couleur, d'où le fait que ses piqûres soient aussi très répandues sur les animaux comme les vaches ou les sangliers. En revanche, la mouche tsé-tsé ne semble pas attirée par les rayures, ce qui expliquerait la meilleure résistance du zèbre aux symptômes.

Pour éviter d'attraper la maladie du sommeil, il suffirait peut-être de *faire le zèbre* ?

BATTRE LA CAMPAGNE

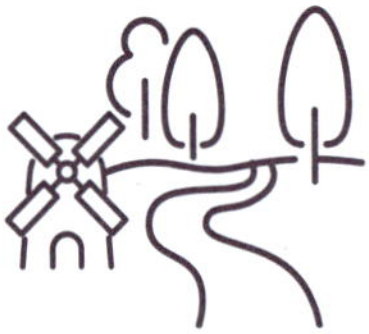

divaguer, extravaguer

Le verbe *battre* a d'abord le sens que lui donne l'écrivain latin Plaute, qui est celui de « frapper le visage de quelqu'un ». Puis, avec l'emploi d'un complément, il prend celui de « frapper quelque chose à coups répétés ». Dès lors, le sens subit de nombreux glissements dont celui de « chercher en tout lieu » que l'on retrouve dans la locution *battre les buissons*, puis « parcourir en tous sens, fouiller », qui est le sens de l'expression *battre la campagne*.

La *campagne*, c'est la plaine, la grande étendue. Ainsi, *battre la campagne* ne désigne pas une marche organisée, rythmée, mais une errance hasardeuse…

Cette expression peut s'appliquer aussi bien à une démarche de l'esprit qu'à une véritable déambulation. Les deux peuvent même cohabiter et le trajet chaotique d'une personne peut

traduire la confusion qui règne dans son esprit. C'est ce qu'on constate notamment dans les débuts de la maladie d'Alzheimer, où les personnes qui en sont atteintes « se perdent » et battent la campagne à la recherche de leur maison.
À un stade plus évolué de la maladie, on constate une déambulation qui, cette fois, n'a pas de but. Ceux-là *battent le pavé*. En marchant lentement, à petits pas, certains malades parcourent parfois plus de dix kilomètres chaque jour, dans des couloirs de quelques dizaines de mètres de long. Vouloir empêcher ce comportement dérangeant est une erreur, car cette façon de marcher calme les angoisses. Il est même souhaitable de faciliter ces déplacements et notamment de prévoir des espaces extérieurs pour cela.
Il s'avère alors que *battre la campagne* est parfois nécessaire pour *garder les pieds sur terre*.

> **Sitôt après le succès d'*À bout de souffle*, Belmondo s'en alla battre la campagne au pays de ses ancêtres.**
>
> Philippe Durant, *Alain Delon, Jean-Paul Belmondo : destins croisés*, Éditions Carnot, 2004

CANULER

QUELQU'UN

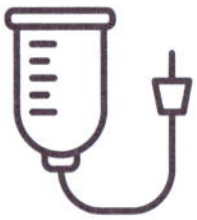

importuner quelqu'un par le même propos répété

Une *canule* est un tube utilisé pour introduire (ou extraire) un liquide ou un gaz dans une cavité de l'organisme. Au XIXe siècle, *canule* était aussi un euphémisme pour désigner le lavement. Bref, toutes choses fort désagréables, mais surtout, une fois la canule introduite, il était difficile de bouger. Il fallait attendre le bon vouloir de celui qui « canulait ». *Canuler quelqu'un* consiste donc à abreuver de paroles une personne sans lui permettre de partir… c'est l'équivalent de *tenir la jambe à quelqu'un*.
Aujourd'hui, les usages de la canule sont limités, mais le *cathéter*, plus petit, pénètre partout : dans les artères, les veines, la vessie, le cœur… Son cousin, le *drain*, s'insinue dans les plaies et les organes fraîchement opérés. La *perfusion*, elle, est devenue le symbole des soins modernes, et les dessinateurs

de presse ne s'y trompent pas quand ils doivent représenter un malade hospitalisé.
Les mots de la médecine ancienne fournissent la matière à de nombreuses expressions. En revanche, pratiquement aucune n'utilise de termes techniques actuels. C'est effectivement dans les vieux pots que l'on fait les meilleures confitures.

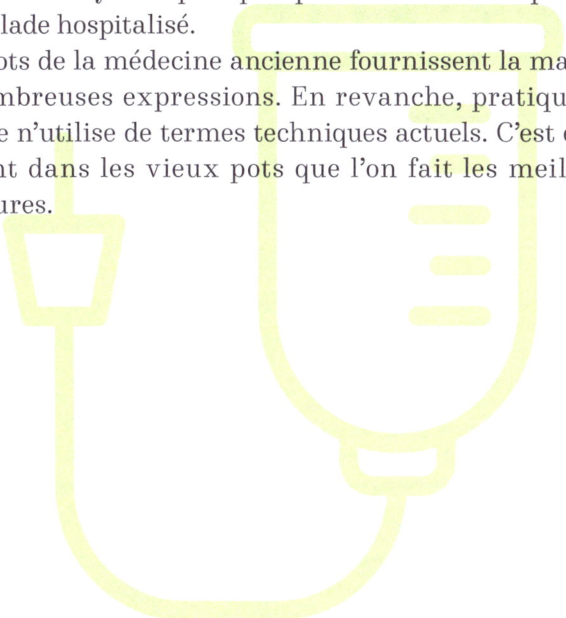

CANULER

LE MOT DU PETIT ROBERT

[kanyle] verbe transitif
ÉTYM. 1830 ◆ de *canule*, peut-être par référence au désagrément attaché à l'emploi de cet objet.
■ FAM. VIEILLI Importuner (qqn) par le même propos répété. *Tu commences à nous canuler.*

UN CAUTÈRE SUR UNE JAMBE DE BOIS

un remède inutile

Un cautère est un instrument très ancien, dont la pointe, chauffée au rouge, sert à brûler les tissus. Nommé aussi « pointe de feu », le cautère était efficace pour éviter que des plaies ne saignent ou s'infectent à une époque où les antibiotiques n'existaient pas. Mais soigner une blessure sur un morceau de bois… ça ne sert à rien.

La cautérisation utilisée pour brûler la plupart des plaies a progressivement été abandonnée parce qu'elle entraînait une douleur et des dégâts importants. Le bistouri électrique en est un dérivé moderne, mais son usage en chirurgie n'est pas comparable à celui des anciennes « pointes de feu ».

En 1685, Félix, premier chirurgien du roi, utilisa le cautère pour soigner Louis XIV d'un ulcère perforant la voûte du

palais. Il procéda, évidemment sans la moindre insensibilisation, à quatorze pointes de feu. Le malade, inondé de fleur d'oranger, mettra plusieurs mois avant de reprendre le rythme de ses repas en public.
L'histoire retiendra que Louis XIV a eu quelques soucis avec son palais.

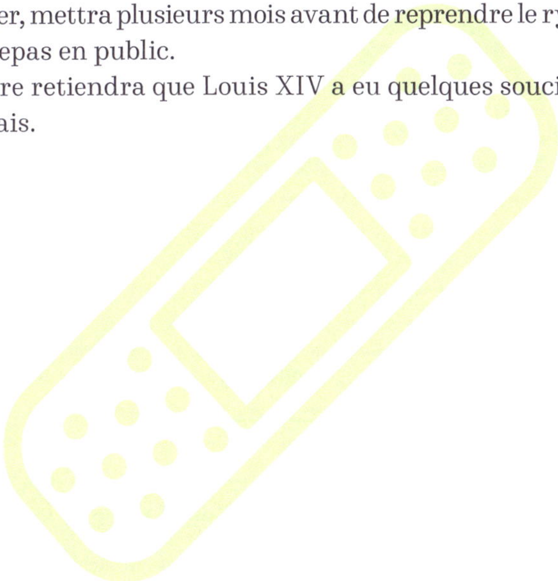

C'est un quart d'heure de passé, et j'ai vu que ça ne me faisait pas plus qu'un cautère sur une jambe de bois.

Jules Vallès, *Jacques Vintgras*, t. I *L'enfant*, 1879

FAIRE FONCTIONNER SES PETITES CELLULES GRISES

réfléchir

Les cellules grises sont les neurones qui constituent les cellules actives du cerveau. Elles ont été individualisées à la fin du XIXe siècle par Santiago Ramón y Cajal qui reçut pour ses recherches le prix Nobel de physiologie ou médecine en 1906. Le cerveau était alors considéré comme un organe ne comportant pas de cellules isolées, car les méthodes d'observation de l'époque ne permettaient pas de les discerner.

La découverte des neurones changea complètement la vision que l'on avait du cerveau et du système nerveux dans son ensemble. *Faire fonctionner ses petites cellules grises* consiste

donc à faire fonctionner son intelligence. La couleur grise des neurones permet aussi de comprendre l'expression *matière grise* qui désigne la partie vraiment active du cerveau.
Au début du XXe siècle, l'expression devint très populaire. C'est à ce moment-là, en 1920, qu'Agatha Christie publia son premier roman intitulé *La Mystérieuse Affaire de Styles* avec pour personnage principal, Hercule Poirot. Le secret de ce détective hors pair réside dans sa façon de *faire fonctionner ses petites cellules grises*. Agatha Christie développe dans son polar l'idée qu'une intelligence vive, subtile et créative obtient des résultats là où la lourdeur routinière et procédurière des policiers de Scotland Yard est maintenue en échec. Cette expression devint un leitmotiv que l'on retrouve dans les trente-deux romans où apparaît le fameux détective.
Avec Hercule Poirot, pas moyen de *faire grise mine*.

> **Une fois la vérité trouvée, le travail du détective n'est pas achevé pour autant. [...] Et pour cela, il met en œuvre la seconde étape de la méthode en ayant recours à ses fameuses petites cellules grises [...]**
>
> André-François Ruaud, Xavier Maumejean, *Hercule Poirot, une vie*, Les Moutons électriques, 2012

Avoir une **CERVELLE** de piaf

avoir l'esprit faible et instable

Piaf est le nom populaire du moineau : il a fourni son pseudonyme à Édith Piaf, en référence à la petitesse de l'animal et à la beauté de son chant. Le terme *cervelle* désigne quant à lui la substance composant le cerveau, puis le cerveau en tant qu'organe, mais avec une nuance péjorative. L'expression *cervelle de piaf* évoque donc un cerveau minuscule, et par conséquent, un manque de mémoire ou d'intelligence. Pourtant, rien ne prouve que le volume du cerveau soit proportionnel au quotient intellectuel.

Au contraire, les ornithologues Russell Balda et Alan Kamil ont conclu à l'intelligence du casse-noix. Ce petit piaf américain se nourrit de graines, notamment de pignons de pin. Non

seulement le casse-noix extrait et casse les pignons avec beaucoup d'adresse, mais il les enfouit dans le sol afin de faire des réserves. Chaque année, il retrouve sans effort plusieurs centaines, voire plusieurs milliers de cachettes.
Un crâne de piaf, mais une vraie mémoire d'éléphant !

« La façade est éteinte, mais, grâce à la réverbération du boulevard, on aperçoit, sur un panneau, le portrait du Petit Marcel, avec sa queue-de-pie, son nez de faucon, son regard d'aigle et son crâne de piaf. »

Frédéric Dard, *Berceuse pour Bérurier*, Éditions Fleuve Noir, 1967

AVOIR LE CŒUR QUI BAT LA CHAMADE

être affolé

La *chamade* est un appel de trompettes et de tambours par lequel des personnes assiégées informaient leur volonté de capituler. Un *cœur qui bat la chamade* est un cœur qui subit des assauts amoureux, s'affole et bat comme les tambours des assiégés, prêt à se rendre corps et âme à l'assaillant(e).

La maladie de Bouveret, ou *tachycardie paroxystique* est une curiosité de la cardiologie. Elle se manifeste par des accélérations brutales du rythme cardiaque qui peut atteindre 180 à 200 battements par minute. Ces crises peuvent durer de plusieurs minutes à plusieurs heures et s'arrêtent aussi rapidement qu'elles surviennent. L'*arythmie cardiaque par fibrillation auriculaire*, elle, est une maladie des cœurs âgés, fatigués peut-être d'avoir trop battu la chamade amoureuse. Ils battent encore de grands coups, mais sans rythme. Une histoire comme cela, ça vous *fend le cœur*.

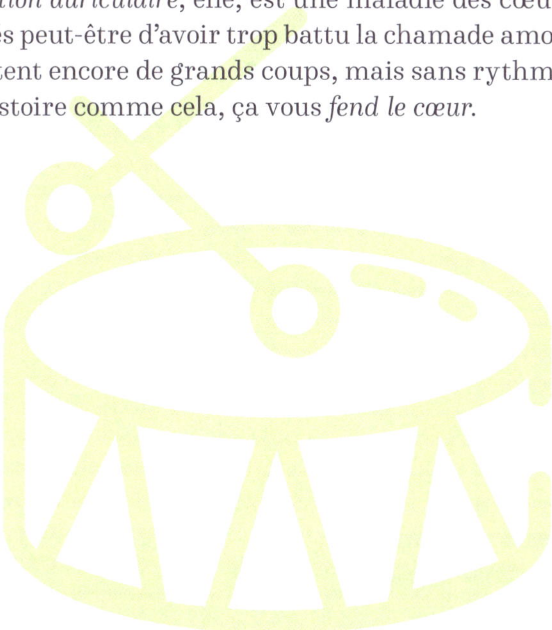

> **Ses belles joues en devinrent pâles comme cire vierge, et son pauvre petit cœur se mit à battre la chamade dans la forteresse de son corsage quoiqu'il n'eût aucune envie de se rendre.**
>
> Théophile Gautier, *Le Capitaine Fracasse*, 1863

MANGER, BOUFFER COMME UN CHANCRE

manger avec excès, avec voracité

Se gaver, s'empiffrer, s'en mettre plein la panse : lorsqu'elle passe à table, notre langue ne mâche pas ses mots - pas plus que ce *chancre* qui engloutit tout ce qui se trouve dans son assiette. À imaginer la scène, on frise l'indigestion. Quant à savoir ce que *chancre* veut dire, on hésite, on reste sur sa faim…

Voilà pourtant une expression qui n'a pas mis ses œufs dans le même panier, son origine ouvrant deux pistes différentes. Dans la première, *chancre* remonterait au latin vulgaire *cancrus*, du latin classique cancer « écrevisse, crabe ». Apparu sous la forme *cancre*, c'est ce même crabe, à la démarche lente et indirecte, qui a servi à nommer dans l'argot scolaire l'élève nul. *Cancrus* désigna d'abord un ulcère ayant tendance à ronger les parties environnantes puis une ulcération cutanée. Les arbres aussi peuvent être rongés par ce chancre, qui forme de larges plaies sur le tronc. L'expression, apparue au XVIIIe siècle, correspond à un sens figuré du mot, celui qui *mange comme un chancre* étant celui qui « dévore ».

L'autre origine de l'expression serait due à une déformation d'une ancienne comparaison. *Être gras comme un chantre*, *boire comme un chantre*, se disait à l'époque où les églises employaient des chantres (des « chanteurs ») pour officier lors des cérémonies et des offices religieux. Comme les moines et les chanoines, ces derniers avaient la réputation d'être de sacrés bons vivants…

Même si cette origine est fausse, on peut la préférer à celle qui évoque les crabes et, pire, les ulcères et les cancers. L'image du moine chanteur à grosse bedaine est beaucoup plus sympathique !

CHANCRE

LE MOT DU PETIT ROBERT

[ʃɑ̃kʀ] nom masculin

ÉTYM. XIIIe ◆ latin *cancer* « ulcère » → cancer

1. MÉD. VIEUX Petit ulcère ayant tendance à ronger les parties environnantes. […]

VOIR TRENTE-SIX CHANDELLES

être sonné

Cette expression est souvent illustrée dans les bandes dessinées pour représenter un personnage qui vient de recevoir un coup de poing (ou de pied) sur le visage. Plusieurs chandelles sont figurées comme si elles tournaient autour de la tête du malheureux assis par terre.

Le nombre des chandelles présentes dans cette expression correspond notamment à celui des grands lustres de l'époque de Louis XIV. Les autres versions, comme *voir mille chandelles* ou simplement *voir les chandelles* sont plus anciennes et n'ont pas eu autant de succès. Il est intéressant de remarquer que le progrès technique n'a pas suscité de version électrifiée et moderne des trente-six chandelles, quand bien même nous n'utilisons plus cet objet depuis plus d'un siècle.

Mais voir des chandelles est bien une réalité lorsque l'on reçoit un coup sur l'œil. La brusque pression stimule la rétine et donne des sensations lumineuses, même les yeux fermés. Ce sont des *phosphènes mécaniques*. Une stimulation faible produit une lumière bleue et une stimulation accrue a tendance à produire une lumière rouge ou blanche.

Les boxeurs voient souvent *trente-six chandelles*. On peut considérer que ce sont les risques du métier, mais à long terme ces traumatismes répétés entraînent une détérioration des yeux et du cerveau. Le célèbre boxeur Mohamed Ali est mort en 2016 alors qu'il souffrait de la maladie de Parkinson depuis l'âge de 42 ans. Habituellement, cette maladie débute vers 55 ans et cette survenue précoce est probablement la conséquence de ses 61 combats. Selon les spécialistes, près de 30 % des boxeurs souffrent de troubles neurologiques après leur carrière.

Le jeu en *vaut-il la chandelle* ?

> **[...] l'hôtesse reçut un coup de poing dans son petit œil qui lui fit voir cent mille chandelles (c'est un nombre certain pour un incertain) et la mit hors de combat.**
>
> Paul Scarron, *Le Roman comique*, 1657

SERVIR DE CHAPERON

accompagner une jeune femme, en tant que personne de confiance

À la fin du XIIIe siècle, l'usage se répand d'aveugler, provisoirement, les oiseaux de proie, les faucons en particulier, afin qu'ils ne s'effraient pas de la présence des hommes, des chevaux et des chiens pendant leur transport. Le chaperon est alors un capuchon en cuir, souvent richement orné.

Au XVe siècle, le chaperon est une pièce du vêtement féminin, une coiffure composée d'un petit bonnet posé sur la tête et d'une bande d'étoffe pendant à l'arrière de la tête. L'importance symbolique de cette coiffure est telle que l'arracher en public équivaut à désigner la femme ainsi décoiffée à la vindicte collective.

Au XVIIe siècle, le chaperon est la marque de la petite bourgeoisie ; il consiste en une bande de velours, placée sur le bonnet. Il fait partie des convenances sociales.
« C'est là que, sur le midi, arrive une caravane de demoiselles à fleur de corde dont les mères, il y a dix ans, portaient le chaperon, qui était la vraie marque et le caractère de bourgeoisie, mais qu'elles ont tellement rogné petit à petit, qu'il s'est évanoui tout à fait. » (Antoine Furetière, *Le Roman bourgeois*, 1666.)
Chaperon vient de *chappe*, ce manteau à capuchon pointu comme en porte le petit chaperon rouge. *Chaperonner* est l'équivalent de *bonneter* : avoir la tête couverte. Jusqu'à la Seconde Guerre mondiale, une femme convenable ne sortait pas sans chapeau, *en cheveux*.
Et une jeune femme célibataire et de bonne famille était accompagnée d'un *chaperon*, d'une personne de confiance chargée de la surveiller, afin qu'elle ne commette pas d'imprudences et conserve une conduite irréprochable. C'était encore le cas au début des années 1960. Mai 68 a balayé tout cela.

APPELER UN CHAT UN CHAT

appeler les choses par leur nom

Il est de tradition de citer la première *Satire* (1666) de Nicolas Boileau :

« Je suis rustique et fier, et j'ai l'âme grossière :
Je ne puis rien nommer, si ce n'est par son nom,
J'appelle un chat un chat, et Rolet un fripon. »

Rolet était procureur au Parlement de Paris ; on le surnommait « l'Âme damnée ». Il était bel et bien un fripon, puisqu'il fut condamné, en août 1681, à neuf ans de bannissement. C'est le Vollichon du roman de Furetière, *Le Roman bourgeois* (1666). Son nom est même passé dans le langage courant : « c'est un Rolet » pour « c'est un fripon ». Finalement, déchargé de la peine du bannissement, il obtint une place de garde au château de Vincennes.

Les anciens Grecs non seulement *disaient le mot*, mais exhibaient, comme Aristophane, *la chose* en plein théâtre. Les anciens Romains aussi, puisque l'on disait *user de la simplicité romaine*, voire *parler latin*.
L'opposé d'*appeler un chat un chat*, c'est *la langue de bois*.
Jusqu'au XVIIe siècle, on disait *entendre chat sans dire minou*, pour « comprendre à demi-mot ».
Jean Richepin (1849-1926) parle d'un style « en manche de chemise » dans son introduction à *La Chanson des Gueux* : « La gauloiserie, les choses désignées par leur nom, la bonne franquette d'un style en manche de chemise, la gueulée populacière des termes propres, n'ont jamais dépravé personne. [...] Ce qui éveille les curiosités malsaines, ce qui peut corrompre, ce n'est pas le nombre [des sculptures], c'est la feuille de vigne qu'on lui met, cette feuille de vigne qui raccroche les regards [...], qui rend honteux et obscène ce que la Nature a fait sacré. Mon livre n'a point de feuille de vigne, et je m'en flatte. »
Jean-Paul Sartre va même jusqu'à affirmer : « La fonction d'un écrivain est d'appeler un chat un chat. Si les mots sont malades c'est à nous de les guérir. » (« Qu'est-ce que la littérature ? », *Situations II*, Gallimard, 1948.)

ÊTRE LA CHEVILLE OUVRIÈRE

être l'élément, l'agent essentiel

On travaille rarement avec les pieds, plus souvent avec les mains. C'est pour cela qu'on appelle *petite main* une personne exécutant un travail besogneux pour le compte d'une autre. Pourtant, depuis le début du XVIIIe siècle, on dit d'une personne jouant un rôle central dans un travail collectif ou dans un organisme qu'elle est la *cheville ouvrière* du projet.

L'expression n'a en fait rien à voir avec l'articulation entre la jambe et le pied : elle renvoie au sens premier du mot *cheville,* toujours en usage aujourd'hui. Issu, comme *clavicule,* du latin *clavicula,* diminutif de *clavis* « petite clé », *cheville* désigne une tige de bois ou de métal servant à assembler plusieurs pièces d'un même ouvrage. La cheville anatomique y ressemble : elle articule. À l'origine, la cheville ouvrière est

C

précisément une pièce mécanique : c'est l'élément d'assemblage qui joint l'avant-train avec le corps d'une voiture (à cheval), d'une charrue. Au figuré, la cheville ouvrière serait donc le pivot, la personne autour de laquelle s'organise une activité.
Mais l'emploi de l'adjectif *ouvrière* peut aussi surprendre. Il ne se rapporte pas à la classe des travailleurs manuels mais signifie simplement « qui travaille ». La cheville de l'expression étant la plus sollicitée lors du mouvement de la voiture, c'est celle qui travaille le plus. Cette cheville ouvrière est une articulation qui travaille ; elle fait le lien entre les autres et doit fournir le plus d'efforts pour mener à bien le projet commun. À condition toutefois de ne pas mettre la cheville de la charrue avant celles des bœufs !

“[...] elle avait été la cheville ouvrière de la maison, sans que nul songeât à lui savoir gré de sa ponctualité, de ses prévenances.”

Roger Martin du Gard, *Les Thibault*, 1940

AVOIR DES TROUS D'AIR DANS LE CIGARE

perdre la mémoire

Cette expression tire son origine de l'argot, pour lequel le terme *cigare* représente la tête, le cerveau. Il en est de même dans la locution *avoir du cigare*, qui désigne littéralement « avoir de la tête », et par glissement *en avoir dans la tête*, dans le cerveau, et donc, « être intelligent ».

Les trous d'air, par métaphore, représentent l'idée d'échappement, d'échappatoire. Ils désignent alors, dans cette expression, des trous de mémoire.

Mais peut-on avoir de véritables trous dans le cerveau ? La vache folle nous permet d'y répondre par l'affirmative. L'épidémie dite de la *vache folle*, qui a défrayé la chronique dans les années 1980, est la conséquence d'une *encéphalopathie spongiforme*. En d'autres termes, observé au microscope, le cerveau des cadavres animaliers victimes de cette maladie, ressemble à une éponge. Les trous visibles dans le cerveau ne

sont pas des trous d'air, mais des espaces remplis d'une substance transparente.
Les termes d'*encéphalopathie spongiforme* semblent très scientifiques. Ils désignent pourtant littéralement, « maladie du cerveau qui ressemble à une éponge ».
En tout état de cause, on doit convenir que l'expression scientifique n'est pas plus précise que celle « des trous d'air dans le cigare ».

> **C'est ce que vous diront**
> **Quelques rentiers vicelards,**
> **Des vieux schnocks qui n'ont**
> **Que des trous d'air dans le cigare.**
>
> Pierre Perret, *Ouvrez la cage aux oiseaux*, Éditions Adèle, 1971

EN AVOIR SA CLAQUE

en avoir assez

Tout le monde l'a reçue un jour ou l'autre, cette claque : celle du « ça suffit », qui fait qu'on *en a sa claque*. L'expression familière apparaît à la fin du XIXe siècle pour signifier qu'on en a assez, qu'on est exténué.
Le mot *claque*, venu de *claquer*, désigne en français des choses bien différentes. S'agirait-il de ce coup donné du plat de la main que nous connaissons tous, rude taloche parentale ou gifle d'amoureuse déception ? Ou bien de la claque des théâtres de jadis, formée de spectateurs payés pour assurer par leurs applaudissements nourris le triomphe d'un spectacle ? On comprendrait que l'on puisse vite se lasser de prendre des baffes. Au second traitement, en revanche, plus d'un auteur a pris goût.
L'explication n'est pas aussi simple. Si le mot *claque* renvoie effectivement à la gifle, il signifie aussi l'abondance et l'excès.

Ce sens abstrait vient peut-être de termes concrets anciens : on désignait par ce mot une mesure de lait, en Picardie, et le terme *une claquée* signifiait « une abondance de ». *Se claquer*, c'était « se fatiguer à l'extrême » et, aujourd'hui encore, *être claqué* s'emploie pour « être à bout de force » sans avoir reçu de coups.

Tous ces emplois témoignent du fait que le terme *claque* a porté un sens très général d'intensité, comme *dose* ou *compte* dans les expressions *en avoir sa dose* ou *régler son compte à quelqu'un*. On dit *claquer son argent*, expression qui a plus à voir avec l'idée d'intensité qu'avec le bruit de la pièce sur le zinc. Le dégoût par l'excès : telle est la raison d'être soûlé, d'en avoir marre, d'en avoir sa claque.

J'en avais ma claque, non des films, mais des gens qui s'agitent autour.

Jean-Louis BORY, *Ma moitié d'orange*, 1972

COIFFER QUELQU'UN AU POTEAU

battre quelqu'un de justesse

Depuis qu'ils posent dénudés pour des calendriers, les joueurs de rugby sont peut-être devenus coquets. Mais on n'a jamais vu un rugbyman s'arrêter au poteau pour se faire faire un brushing. De même, si l'on rectifie parfois la coupe de cheveux des condamnés à mort, c'est pour les mener à la guillotine et non au poteau d'exécution. Alors, d'où vient cette étrange expression ?

Le poteau dont il s'agit est celui des hippodromes. Le cheval qui est déclaré vainqueur est celui qui passe le premier la ligne d'arrivée, matérialisée par un poteau placé en bord de piste. Remporter la victoire *sur le poteau* ou *au poteau*, c'est battre son adversaire en le dépassant à la toute fin d'une course. Par extension, l'expression s'applique à toute

compétition où la victoire est emportée sur le fil (fil qui, lui, marque la fin d'une course à pied).
Quant à *coiffer*, qu'il s'agisse d'arranger la chevelure ou d'enfiler un bonnet, il est question de tête. Au figuré, *coiffer un concurrent*, c'est littéralement parvenir à placer sa tête avant la sienne : c'est le battre d'une courte tête. Ce qui n'est pas sans rappeler l'évolution du verbe *chapeauter* : d'abord « coiffer d'un chapeau » puis « être à la tête de quelque chose ou d'un groupe d'individus ».
Coiffer quelqu'un au poteau, c'est à la fois le battre de peu (d'une tête) et au dernier moment (au poteau d'arrivée). Autrement dit, c'est gagner d'un cheveu, à un poil près, pile-poil au bon moment.

CONVOLER

EN JUSTES NOCES

se marier

La métaphore de l'amour comme une envolée à deux ne peut que séduire tous ceux qui souhaitent *convoler en justes noces*. Le verbe *convoler*, spécialisé pour désigner le mouvement qui pousse deux amoureux au mariage, n'apparaît plus que dans cette expression.

C'est dans un contexte moins romantique que ce verbe est apparu. Signifiant « accourir ensemble », le latin *convolare* devient en bas latin un terme juridique, dans *convoler en secondes noces* « se remarier », et dans une utilisation qui avait plus à voir avec la fiscalité et les droits de succession qu'avec les sentiments.

Le verbe *convoler*, attesté en français depuis le XVe siècle, conserve le sens latin « aller rapidement vers », « accourir »,

quel que soit l'objectif. Ernest Renan a même évoqué la tentation des âmes désespérées à *convoler au suicide*.
Étymologiquement, chacun « vole » vers l'autre et vers son destin. *Convoler* signifie aussi « changer d'état » : on peut convoler à l'état de mariage, tout comme à celui de religion. La jolie métaphore de l'envol est à peu près oubliée.
Et si les noces sont *justes* dans cette expression, c'est parce que seul le mariage en bonne et due forme pouvait sanctionner les amours légitimes. La formule, aujourd'hui désuète ou comique, signifie donc au sens propre « donner forme légale à un amour par le mariage ».
De nos jours où le mariage - bien qu'il soit « pour tous » - n'est plus l'unique norme, l'expression est le plus souvent ironique, et toujours figée : pas d'injustes noces, ni de juste pacs !

> **Le père présumé n'a jamais voulu reconnaître l'enfant, ni convoler en justes noces avec la jeune mère, sa maîtresse officielle depuis déjà deux mois au moment de la conception.**
>
> Alain Robbe-Grillet, La Reprise, 2001

COURIR LE

COTILLON

chercher la compagnie des femmes

Bien des dons juans vous le diront : nul besoin de recourir aux confettis pour courir le cotillon. La formule contient pourtant un mot qui désigne aujourd'hui les accessoires de fête.

Pour éclairer cette expression, il suffit de la comparer à une autre de sens proche : on dit aussi d'un homme qui cherche à séduire les femmes qu'il est un *coureur de jupons*. Le cotillon, précisément, est un jupon. Dérivé de *cotte* « tunique » qui apparaît dans *cotte de maille*, *cotillon* est un mot de la Renaissance qui désignait traditionnellement une jupe de dessous portée par les femmes du peuple. Ainsi, Perrette, celle du pot au lait, portait dans la fable de La Fontaine « cotillon simple et souliers plats ». Par une figure de style fréquente, et comme pour *jupon*, le nom du vêtement a servi ensuite à désigner la gent féminine.

Comment diable le mot *cotillon* est-il passé de ce sens vestimentaire à celui que nous connaissons aujourd'hui, attaché à des réjouissances collectives ? Peu après 1700, le cotillon est devenu le nom d'une danse qui faisait virevolter les robes. Par la suite, *cotillon* a simplement désigné le moment où l'on danse dans une réunion mondaine, puis le divertissement, les jeux et les accessoires à la fin du bal. C'est enfin à l'ensemble de ces accessoires - serpentins, confettis et autres langues de belle-mère - que renvoie le mot aujourd'hui.
L'expression a vieilli mais l'on aurait tort de la laisser disparaître, ne serait-ce que pour conserver aux opérations de séduction des allures de fête.

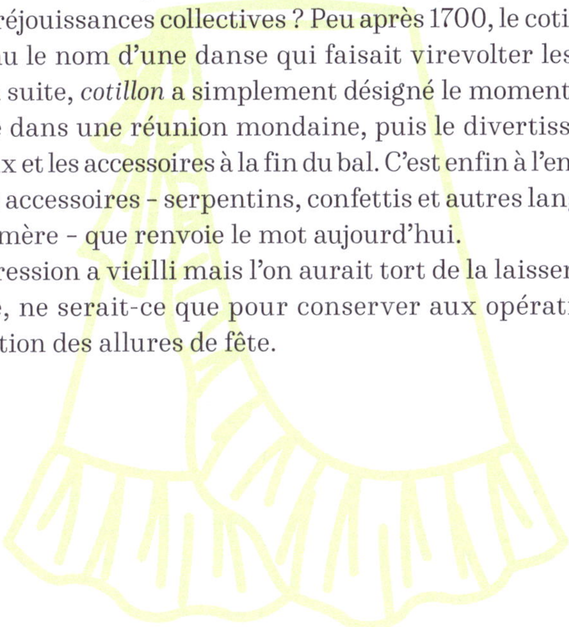

COTILLON

LE MOT DU PETIT ROBERT

[kɔtijɔ̃] nom masculin
ÉTYM. 1461 ◆ de *cotte*
1. ANCIENNEMENT Jupon. [...]

ÊTRE LA COQUELUCHE DE QUELQU'UN

être admiré par quelqu'un

La coqueluche est d'abord une maladie due à la bactérie Bordetella pertussis. Contagieuse, elle est caractérisée par des quintes de toux évoquant le chant du coq. Mais l'origine de cette expression est mystérieuse. On peut émettre l'hypothèse du glissement sémantique : *coqueluche* pourrait désigner un « capuchon » ou une « coiffe », et comme l'expression *être coiffé de quelqu'un* signifie « être amoureux de quelqu'un », on peut alors comprendre l'expression *être la coqueluche de quelqu'un* avec le sens d'« une personne dont quelqu'un s'éprend ».

Considérée comme une maladie infantile bénigne, la coqueluche est pourtant mortelle pour les nourrissons. La vaccination est néanmoins très efficace : en empêchant la coqueluche chez les enfants à partir de 6 mois, elle protège indirectement les nourrissons. Actuellement le problème se déplace, car la coqueluche concerne les adultes dont la vaccination est trop ancienne. Cela entraîne de nouveau des contaminations de nourrissons.

Un nouveau-né peut être la coqueluche de sa famille sans que celle-ci ne la lui donne.

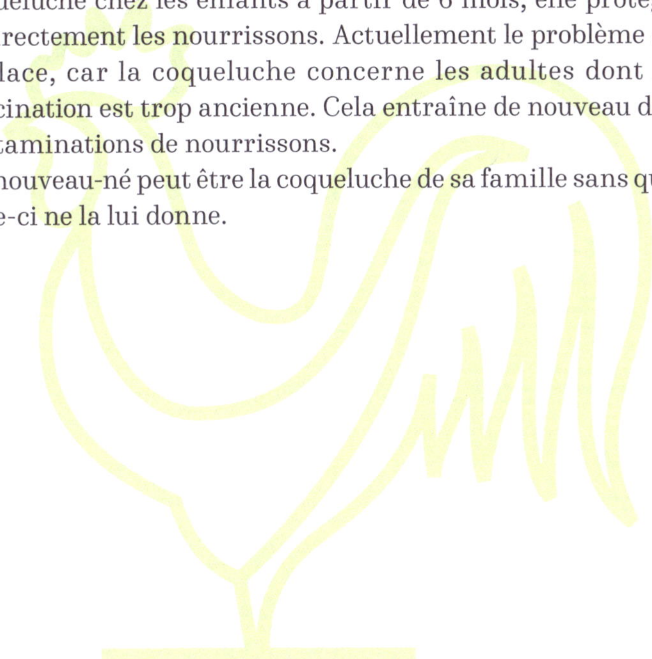

Beau, vigoureux, gaillard, la coqueluche des femmes, le bourreau des cœurs [...]

Anatole France, *Le Petit Pierre*, 1918

BAYER AUX CORNEILLES

rêvasser

On ne doit pas confondre *bayer* qui signifie, comme *béer*, « rester la bouche ouverte d'étonnement » et *bâiller*, « ouvrir la bouche en inspirant profondément ». Physiquement parlant, le résultat est très proche, si ce n'est qu'un bâillement indique plus l'ennui que l'étonnement niais.

Deux possibilités s'offrent pour interpréter le mot *corneilles*. Il peut s'agir de petits oiseaux semblables aux corbeaux, que l'on chasse pour s'en débarrasser, mais dont la chair n'a pas d'intérêt culinaire. Faute de grives, on mange des merles, mais pas des corneilles, tout de même. Il pourrait aussi s'agir des fruits du cornouiller, de petites baies plutôt amères si on les consomme trop vertes. Dans les deux cas, les *corneilles* représentent des objets sans grand intérêt. Ainsi *bayer aux corneilles*, c'est « ouvrir niaisement la bouche en regardant quelque chose d'insignifiant ». Il est difficile de mieux exprimer le désœuvrement et l'oisiveté.

Dans le domaine médical, il est plus intéressant de *bâiller* que de *bayer aux corneilles*. Le bâillement joue effectivement un rôle que l'on ne soupçonnait pas encore il y a peu. Ce phénomène banal n'avait pas d'explication probante, jusqu'à ce que des recherches récentes montrent qu'il contribue à faire baisser la température à l'intérieur du crâne. Le cerveau, gros consommateur d'énergie, risque régulièrement la surchauffe, en particulier en cas de fortes chaleurs, de fatigue ou de manque de stimulation.

Non seulement le bâillement entraîne une longue inspiration, mais il s'accompagne de différents mécanismes musculaires et respiratoires amenant un rafraîchissement salutaire. Bâiller (aux corneilles ou non) pourrait donc apporter un peu de sang-froid… Voilà de quoi *rester bouche bée* !

Allons, vous, vous rêvez et bayez aux corneilles ;
Jour de Dieu ! je saurai vous frotter les oreilles.

Molière, *Tartuffe*, Gallimard, 1997

PISSER UNE

CÔTELETTE

accoucher

Si l'expression *pisser une côtelette* date de 1862, elle est encore largement utilisée, notamment dans le monde médical.

Saviez-vous pourtant qu'elle provient de la Bible ? Il y est dit que Dieu créa le premier homme, Adam, à son image en le façonnant à partir de la terre glaise. Il voulut ensuite lui donner une compagne et décida de façonner Ève à partir d'une côte d'Adam.

L'argot s'empara de cette image comme métaphore de l'accouchement, avec toutes les connotations péjoratives et machistes qu'elle véhicule au fil du temps. C'est ainsi que la *côte* est devenue une *côtelette* et que, par dérision, cette côtelette sort du corps de la mère, comme l'urine.

Vers le milieu du XIXe siècle, un tel mépris des femmes ne nous semble pas étonnant et la répartition des tâches dans le domaine de l'accouchement n'a évolué que récemment.

C

En effet, si la grande majorité des accouchements sont effectués par des *sages-femmes*, le chirurgien compétent pour effectuer les césariennes est le *gynécologue obstétricien*. En France, dans les années 1970, toutes les sages-femmes étaient des femmes et la quasi-totalité des gynécologues obstétriciens était des hommes. Or, jusqu'en 1995, la présidente du conseil de l'ordre des sages-femmes était... un homme, un gynécologue obstétricien. Ce n'était pas le résultat d'une élection, mais une obligation légale. Depuis, les choses ont évolué, les sages-femmes élisent leur présidente et près de la moitié des gynécologues obstétriciens sont des femmes.
Espérons à présent que l'on verra bientôt le jour où les femmes *gagneront leur côtelette* (« gagner sa vie ») avec le même salaire que les hommes.

Ma femme a des douleurs, dit-il, mais elle n'arrive pas à pisser sa côtelette.
– Il faut qu'elle pousse.
– C'est ce qu'elle fait. Mais l'enfant ne vient pas.

Franz-Olivier Giesbert, *Le sieur Dieu*, Gallimard, 2007

AVOIR LES CÔTES EN LONG

être paresseux

L'origine de cette expression est incertaine. L'hypothèse la plus vraisemblable est qu'une personne qui aurait *les côtes en long* ne pourrait pas se pencher en avant et serait donc inapte à la plupart des travaux physiques, notamment le travail de la terre. L'expression est donc une plaisanterie semblable à « la flémingite aiguë », cette maladie imaginaire qui sert d'excuse pour les *flemmards*.
Pourtant, il existe bien une maladie où les côtes sont en long, bien qu'elle ne soit nullement à l'origine de cette expression. Il s'agit de la *scoliose*, maladie de l'enfance qui aboutit (si elle n'est pas prise en charge) à une déformation de la colonne vertébrale et à une verticalisation de certaines côtes. C'est une maladie sévère dont le traitement est, pour un bon nombre de cas, le

port d'un corset. Parfois, des interventions chirurgicales sont nécessaires dans les cas les plus graves : cette scoliose se nomme alors « scoliose idiopathique ». Le qualificatif *idiopathique*, régulièrement employé dans les classifications des maladies, signifie « d'origine inconnue ».

Les enfants atteints de scoliose idiopathique ne sont pas paresseux, bien au contraire, car en plus d'un emploi du temps normal, ils effectuent des séances de kinésithérapie pour leur permettre justement de pratiquer toutes les activités des enfants de leur âge.

Il ne faut pas confondre la « scoliose idiopathique » avec la « scoliose d'attitude » qui n'est pas vraiment une maladie. Elle est due à un manque de tonus musculaire ou à une inégalité de longueur des jambes. Dans ce cas, les côtes ne sont pas « en long » et la kinésithérapie permet de rcmettre les enfants d'aplomb sans grande difficulté.

Comme on le voit, les scolioses des enfants sont dues à des problèmes musculaires ou osseux. Pourtant, d'autres explications hasardeuses ont été avancées comme les mauvaises literies, les cartables lourds ou les mauvaises positions des enfants à l'école. On peut dire que ces justifications *ont bon dos*.

BATTRE SA

COULPE

témoigner son repentir, s'avouer coupable

On dit souvent de quelqu'un qui reconnaît ses fautes qu'il *bat sa coulpe*. Pourtant, dans les manuels d'anatomie, on ne trouve nulle trace de cette partie du corps que l'on frapperait en signe de repentir.
En réalité, le mot *coulpe* n'a jamais rien désigné de concret. Il vient du latin *culpa*, « faute », qui est à l'origine d'un vocabulaire qui nous est plus familier : *culpabilité*, *inculper*, *disculper* ou encore *coupable* (où le *l* a disparu). Dans le vocabulaire religieux, *culpa* et son équivalent français *coulpe* sont des mots importants qui désignent le péché volontaire, celui qui prive le pécheur de la grâce divine. Au Moyen Âge, la *coulpe charnelle* renvoyait au péché de chair. *Dire sa coulpe* et *faire sa coulpe*, c'était confesser sa faute. Du péché, on est passé à l'aveu du péché.

Dans la prière appelée *Confiteor* (« Je confesse »), le chrétien fait son acte de contrition et se reconnaît pécheur devant Dieu en disant *mea culpa, mea culpa, mea maxima culpa*, « c'est ma faute, c'est ma faute, ma très grande faute ». Quand le prêtre prononçait à haute voix ces paroles au cours de la messe, il alliait le geste à la parole en se frappant la poitrine. La gestuelle met en scène la confession publique : se frapper permet de manifester l'aveu, de reconnaître sa culpabilité. D'où l'emploi de *battre*.
On peut désormais *battre sa coulpe* sans se donner des coups. L'expression est abstraite et veut simplement dire « avouer et regretter sa faute ». Chose rare, l'équivalent latin s'est maintenu dans l'usage moderne, puisque l'on dit encore fréquemment *faire son mea-culpa* en dehors de tout contexte religieux. Et sans forcément joindre le geste à la parole.

« Des milliers et des milliers d'amoureuses battaient leur coulpe, se ruaient à la pureté et aux bonnes œuvres [...] se mettant finalement à carreau et à coi dans une vie de chasteté, de travail, d'abnégation. »

Marcel Aymé, *Le Passe-muraille*, 1943

N'EN JETEZ PLUS, LA COUR EST PLEINE !

n'en rajoutez pas ! suffit comme ça !

Dans *Ça mange pas de pain !* (Hachette, 1982), Jacques Cellard nous emmène vers une cour d'immeubles où, jusque dans les années 1940, venaient les chanteurs des rues pour récolter quelque menue monnaie… sans oublier l'éventualité des épluchures : « Assez, on vous a assez entendus ! » ; « Allez pousser ailleurs la chansonnette ! » ; « On ne peut pas en décider, mais venant de ces chanteurs nombreux à “faire” les cours d'immeubles, l'exclamation pouvait être une invite ironique à leur jeter davantage de pièces par les fenêtres, et en même temps une invitation à ne pas leur jeter d'épluchures. »
Mais presque un siècle plus tôt, Alfred Jarry nous avait mis sur une autre voie. Dans *Le Surmâle* (1902), une discussion

entre professeurs tourne autour du nombre d'ovules offerts par la nature. Il est aussi question du nombre d'assauts sexuels subis par une femme pour être fécondée. Vingt-cinq, disent les professeurs « pour fixer les idées ». « Il y a dans une féerie : "*Encore une étoile dans mon assiette*", grogna, mi-fâché, le docteur. Assez de paradoxes, mon cher, n'en jetez plus… si vous voulez que nous discutions scientifiquement… quoique ce soit tout discuté. »
En 1714, quand la noblesse vient encombrer les Galeries du Palais, Mme de Maintenon livre cette observation : « Jamais la Cour n'a été plus grosse. » Et *être grosse*, c'est être enceinte.

UN CRÉTIN DES ALPES

un idiot, un imbécile

Cette expression ancienne est devenue progressivement péjorative et injurieuse. Elle désignait à l'origine une personne souffrant d'une arriération mentale, créée par une insuffisance thyroïdienne. En effet, le terme *crétin* est originaire du canton suisse du Valais, où le français est une langue officielle. Au XVIIe siècle, *crétin* était une variante de *chrétien*, au sens d'« innocent », comme on peut le lire dans l'Évangile selon Matthieu, « Heureux les pauvres d'esprit, car le royaume de Dieu leur appartient ». Les crétins étaient donc « bénis » et par conséquent ce terme n'était ni dévalorisant, ni propre à être utilisé comme une insulte.

La cause de ce phénomène est un mauvais fonctionnement de la glande thyroïde dû à un manque d'iode. Cette maladie est fréquente dans les régions de plateaux, de montagnes ou

des plaines intérieures éloignées de la mer. Elle a disparu en France dans les années 1950, depuis que le sel de table est systématiquement enrichi en iode.
Il n'y a plus de « crétin des Alpes », mais l'injure demeure. Comme quoi, il n'y a pas qu'à la montagne que la bêtise *atteint des sommets*.

> **Là où se trouvent les crétins, la population croit que la présence d'un être de cette espèce porte bonheur à la famille.**
>
> Balzac, *Le Médecin de campagne*, 1833

TAILLER DES CROUPIÈRES À QUELQU'UN

susciter des difficultés à quelqu'un, faire obstacle à ses projets

Les habitués des maisons de jeu ont déjà rencontré des croupiers et des croupières, ces professionnels des casinos chargés de tenir le jeu, de payer et surtout de ramasser l'argent pour le compte de l'établissement. Mais l'expression n'a pas de rapport avec les jeux d'argent ; plutôt avec l'équitation. La croupière qu'il est question de tailler est en effet une pièce du harnachement.

Dérivé de *croupe*, qui désigne la partie postérieure des équidés, *croupière* est le nom d'une longe de cuir que l'on passe sous la queue du cheval (partie joliment nommée *culeron*) et qui, fixée à la selle (ou au bât), l'empêche de remonter sur le garrot de l'animal. Concrètement, *tailler une croupière*, c'est couper cette longe de manière à déstabiliser le cavalier. Dans le combat, cela supposait être assez près de l'adversaire pour sectionner la croupière de sa monture d'un coup d'épée. Les guerres ayant changé, l'occasion de cette taillade se perdant, on ne taille plus de croupières qu'au figuré.

Et quant au rapport entre le croupier du casino et le postérieur d'un cheval, il est bien réel. On appelait autrefois *cavalier croupier* celui qui montait en croupe derrière quelqu'un. Avec cette idée de « personne assise derrière », *croupier* a pris le sens de « personne qui, à certains jeux, est associée à un autre joueur et se tient derrière lui ». Veillant au bon déroulement du jeu, le croupier, qui peut être une croupière, doit s'assurer qu'aucun joueur ne *taille des croupières à* ses adversaires !

CROUPIÈRE

LE MOT DU PETIT ROBERT

[kʀupjɛʀ] nom féminin

ÉTYM. 1155 *crupiere* ◆ de *croupe*

1. Longe de cuir que l'on passe sous la queue d'un cheval, d'un mulet, et qui, fixée au bât, empêche celui-ci de remonter sur le garrot. […]

N'AVOIR CURE DE QUELQUE CHOSE

ne pas s'en soucier, ne pas en tenir compte

L'origine de cette expression est à trouver dans le latin, où *cura* signifie « soin, souci ». Dès lors, *n'avoir cure de quelque chose* signifiait, au XIe siècle, « ne pas en avoir le souci ».

Une cure était jadis un traitement médical d'une certaine durée. Aujourd'hui, elle est le plus souvent une cure thermale, qui est entre le soin et le plaisir. Le terme de *cure* s'est même banalisé avec le sens de « régime », comme dans les locutions *cure de fruits*, *cure de légumes verts*, *cure de protéines*...

Si, en français, *soigner* peut avoir le sens de « prendre soin » ou bien de « donner un traitement » (d'un côté la sollicitude et de l'autre l'effort pour tenter de guérir quelqu'un), en anglais, ces fonctions sont bien séparées, puisqu'il y a deux

verbes différents : *to cure*, qui signifie « guérir », et *to care*, « se soucier ».
Le domaine du « *care* » est beaucoup plus large que celui des seuls soins médicalisés. Il concerne l'accompagnement des personnes en général. Les intervenants ne sont plus seulement des professionnels de santé, mais aussi des auxiliaires de vie ou des aidants. Les difficultés pour traduire « *to care* » ont amené de nombreuses personnes concernées par ce domaine à garder l'expression anglaise.
Traduire l'anglais médical n'est décidément pas une sinécure.

> **“ Care ” : sollicitude, soin, cœur rendent imparfaitement l'idée, analysée ici, d'une réflexion sur la place du souci pour autrui.**
>
> Francesco Paolo Adorno, *Faut-il se soucier du care ?*, Éditions de l'Olivier, 2015

SE RINCER LA

DALLE

boire

Le verbe *rincer* signifie « nettoyer à l'eau et en frottant ». La *dalle*, quant à elle, figure la *gorge*. Pourtant, il ne s'agit pas d'utiliser de l'eau pour s'éclaircir la gorge ni de la frotter. C'est bien d'alcool dont il est question dans cette expression, et le rinçage se fait tout seul puisque « la dalle est en pente ». *Se rincer la dalle* est donc présenté plaisamment comme une mesure d'hygiène, mais si l'alcool tue les microbes, c'est uniquement sur la peau. Sous forme de boisson, l'alcool ne désinfecte pas, ne rince pas, il décape.

En France, la consommation d'alcool a beaucoup diminué depuis les années 1960. Cette baisse est particulièrement importante chez les consommateurs réguliers. En revanche, une forte consommation occasionnelle existe chez les jeunes en recherche rapide de l'ivresse. C'est le « *binge drinking* » ou la « *biture express* ». Ce rituel, venu des pays anglo-saxons, se

développe de plus en plus. Il est pratiqué notamment par les étudiants. Ceux-ci le considèrent comme un jeu et ne se rendent pas compte du risque qu'ils courent. Régulièrement, ce type de consommation aboutit à un coma éthylique mortel.
Le passage à l'âge adulte est souvent accompagné de rites initiatiques dangereux, et celui-ci est particulièrement redoutable.
Se rincer un peu, oui, mais il faut éviter d'*être complètement lessivé*.

> **[...] après une de ces bagarres, Angelo reprenait des forces dans un bistro quand il a vu arriver, écumants de rage, la moitié des membres du club de boxe qui venaient se rincer la dalle eux aussi.**
>
> Olivier Rolin, *Tigre en papier*, Seuil, 2002

LE DÉMON DE MIDI

tentation de la chair qui s'empare de certains humains au milieu de leur vie

Le démon de midi vient du christianisme d'Orient. Aux premiers siècles de notre ère, la vie des ermites y est très codifiée, en particulier le rythme des prières. Or, à l'approche de midi, la faim les tenaille, se manifestant par des bruits intestinaux qui les empêchent de prier. Ce qui les rend mélancoliques. Ils sont alors atteints par l'« acédie », considérée comme un péché. Le psychanalyste Jacques Lacan affectionnait le mot *acédie* ; cette affection spirituelle trouve son épanouissement au XIXe siècle, avec le spleen, dont le représentant le plus éloquent est Baudelaire. Le Moyen Âge évoquait le « diable méridien » et saint Jérôme « la morsure dangereuse du midi ». Morsure de la faim dans un ventre qui n'arrête pas de gargouiller.

Livrés à la solitude, les moines sont la proie du démon. Une confusion entre l'heure de midi, celle du repas, et le midi de la vie - « la moitié du chemin » - a entraîné un glissement de sens. De péché de moine ou d'anachorète, *le démon de midi* est devenu le harcèlement de la chair pour l'homme d'une cinquantaine d'années.
L'usage moderne de la locution a transféré le milieu du jour au milieu de la vie, puis au milieu du corps ; et ce d'autant plus facilement que l'on appelle le sexe féminin *la niche du diable*.
Paul Bourget, dans son roman *Le Démon de midi* (Plon-Nourrit et Cie, 1914), ne fit que confirmer cette dérive. Déjà, dans ses *Essais de psychologie contemporaine* (1883), il s'était exprimé ainsi : « [Le Démon de midi, c'est la tentation] qui assiège l'homme, au midi, non pas d'un jour, mais de ses jours, dans la plénitude de sa force. Il a conduit sa destinée jusque-là, de vertus en vertus, de réussite en réussite. Voici que l'esprit de destruction s'empare de lui - entendez bien : de sa propre destruction - [...]. Le Démon de midi, du midi de la vie... cet égarement du midi de la vie.... c'est la clef de tant d'énigmes [...]. Les fautes auxquelles nous incite le Démon de midi ont cela de redoutable qu'elles sont lucides. Ses victimes roulent dans le gouffre les yeux ouverts... »

UNE

DOULEUR

EXQUISE

une douleur vive et nettement localisée
en un point très limité

C'est l'association des deux termes qui interroge. Dans le langage courant, la douleur est une évidence : c'est une sensation pénible, désagréable. En revanche, *exquis* signifie au contraire ce qui est agréable, délicieux, savoureux. Dans le langage médical, la douleur a le même sens, mais *exquis* en a un tout autre. Pourtant, l'origine est identique, c'est le mot latin *exquisitus* qui signifie « recherché », mais il s'est produit un glissement vers la notion d'« excellence », puis de « délectable » et d'« agréable ». Les médecins, eux, ont retenu le sens d'« extrême », d'« extraordinaire ».
Rechercher une *douleur exquise* est un geste de diagnostic médical traditionnel. On en trouve la trace dans des manuels

de sciences médicales en 1838. La douleur peut se manifester spontanément, comme dans le cas d'une fracture, ou, comme pour l'appendicite, c'est le doigt du médecin qui la déclenche. La sensation éprouvée est globale et envahissante.
Les surréalistes n'en avaient-ils pas fait un jeu : « le cadavre exquis » ?

> **Il en aimait les blessures aiguës qui seules distraient d'une idée fixe et que la médecine nomme *exquises*, les admirant à l'égal d'une enluminure de missel.**
>
> Jean Cocteau, *Le Grand écart*, 1925

UN

DURILLON

DE COMPTOIR

une bedaine d'alcoolique

Un *durillon* est un épaississement de la peau aux endroits soumis à des pressions répétées. Le *comptoir*, c'est le bar. Un *durillon de comptoir* représente alors l'accroissement de volume du ventre d'un consommateur assidu. C'est une comparaison amusante entre le frottement du doigt de pied contre la chaussure, qui forme un *cor*, et celui du ventre contre le comptoir.

La consommation excessive d'alcool entraîne une augmentation de volume du foie, qu'on appelle *hépatomégalie*. Pendant de longues années, cette augmentation est due à l'accroissement des capacités d'épuration du foie confronté à des quantités croissantes d'alcool, qu'il doit éliminer. À cela s'ajoute une accumulation de graisse nommée « stéatose

hépatique », que l'on peut traduire par « foie gras ». Le mécanisme est le même que celui utilisé pour obtenir le foie gras de canard, mais il ne faut pas croire que l'on donne de l'alcool aux palmipèdes.
Il y a de quoi *se piquer la truffe*.

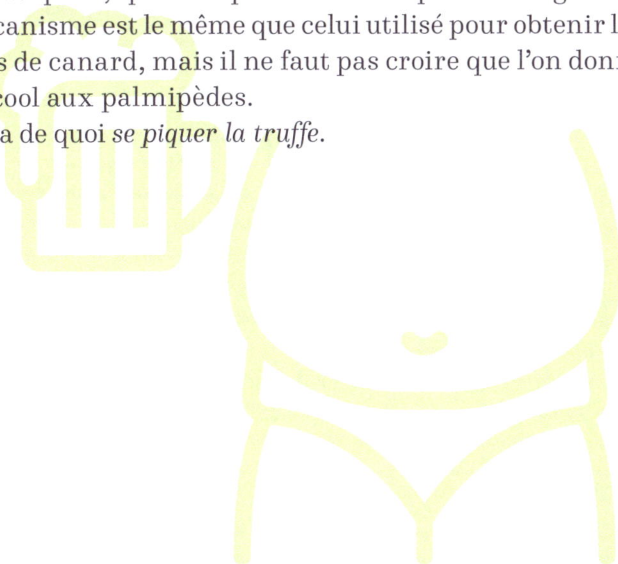

LE MOT DU PETIT ROBERT

DURILLON

[dyʀijɔ̃] nom masculin
ÉTYM. 1478 ; *dureillon, durellon* XIIIe ◆ de *dur*
■ Épaississement arrondi, peu saillant, de la peau, formé aux pieds, aux mains, à des endroits soumis à des pressions répétées. « Les mains qui peinent n'évitent la blessure que grâce au durillon » (Georges Duhamel, *Récits des temps de guerre*, 1949).

PAYER SON ÉCOT

payer sa quote-part pour un repas à frais communs

À l'issue d'un dîner entre amis, au moment de réclamer celle que l'on nomme familièrement *la douloureuse*, chacun des commensaux sort son porte-monnaie pour *payer son écot* afin de participer aux frais. À moins d'être réglée entièrement par l'un des convives, l'addition peut donner lieu à de complexes divisions pour déterminer cet écot, la somme exacte qu'il revient à chacun de payer.
Le mot francique *skot*, à l'origine de *écot*, signifie « impôt, contribution ». Littéralement, *payer son écot*, c'est s'acquitter de son dû, de sa quote-part. Si les poches d'un convive sont vides, on disait dans un langage argotique qu'il était *à l'écot de quelqu'un*, qu'il dînait aux frais d'un autre. Inversement, lorsque le montant qui échoit excède ce que l'on a réellement consommé, on parlait de *subrécot* (du provençal *sobre*, « sur ») : ce que l'on payait en plus de sa part.

L'expression ne se cantonne pas au domaine des dîners partagés. Au figuré, elle a signifié « prendre sa part dans un divertissement en commun » ou, dans des contextes moins festifs, « supporter la peine, les inconvénients », « prendre sa part de travail ». De manière abstraite, *écot* se disait de ce qui revient à quelqu'un. *Avoir un mauvais escot* se disait pour « être maltraité ».

Encore aujourd'hui, *apporter son écot* s'emploie au sujet d'une contribution à une œuvre collective, *l'écot* étant la participation de chacun. Dans une situation pénible, *chacun son écot* fut utilisée pour dire que chaque membre d'un groupe doit assumer sa part d'ennuis. Autrement dit, chacun sa croix ou, vulgairement, chacun sa merde !

> **Stephen dînait avec eux en payant son écot pour ne pas être à charge à ces bonnes gens.**
>
> Alphonse Karr, *Sous les tilleuls*, 1832

ÊTRE FRAIS ÉMOULU (D'UNE ÉCOLE)

être récemment sorti (d'une école)

En ces temps de méfiance à l'égard des élites dirigeantes, une expression dont on ne sait plus si elle est élogieuse ou péjorative s'entend souvent : *être frais émoulu*. Elle s'emploie à propos d'une personne récemment diplômée d'une école, souvent réputée : *il est frais émoulu de l'ENA, elle est frais* (ou *fraîche*) *émoulue de Polytechnique*...

Cet *émoulu* gêne notre œil orthographique, et nous sommes tentés d'écrire *frais et moulu*, ce qui serait pertinent pour un diplôme en *meunerie*. On pense au *moulin*, à la *meule* et à la farine - peut-être celle dans laquelle les élèves pensent être roulés. Cette version fantaisiste n'a rien d'absurde, car les deux adjectifs ont la même racine. Le verbe latin *molere* « moudre » a servi à former un autre verbe, *emolere* « moudre

entièrement », qui a donné *émoudre*, « aiguiser » en français perdu, dont le participe passé *émoulu* a été sauvé (avec le *rémouleur*).
Un sabre émoulu est redoutable car sa lame vient d'être aiguisée sur une meule. L'emploi figuré est ancien : Rabelais employait déjà *fraîchement émoulu* et on parla plus tard d'un *gentilhomme frais émoulu*, c'est-à-dire récemment anobli. L'adjectif *émoulu* a laissé place à *aiguisé* et *affûté*, et il perdure dans la langue courante uniquement grâce à l'expression imagée.
Les étudiants fraîchement émoulus des grandes écoles ou de l'université n'ont donc pas été formés pour devenir de bonnes pâtes, mais pour avoir l'esprit affûté, ce qui leur permet de trancher quand il faut prendre une décision et faire les coupes qui s'imposent.

> **– Vous avez beau raisonner : Monsieur est frais émoulu du collège, et il vous donnera toujours votre reste.**
>
> Molière, *Le Malade imaginaire*, 1673

Avoir les cerceaux qui bloquent les ÉPONGES

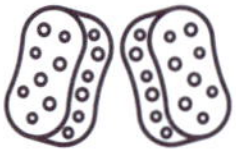

être gêné pour respirer

Les *cerceaux* sont une bonne image des côtes, puisqu'elles décrivent des cercles ou des parties de cercle, et les poumons ressemblent bien à des éponges, puisqu'ils sont constitués de plusieurs centaines de millions d'alvéoles. Une personne dont la respiration se bloque peut avoir la sensation que ce sont les *cerceaux*, les côtes, qui sont immobilisés. En réalité, ce sont souvent les bronches qui empêchent l'air de sortir des poumons. C'est ce qui se produit au cours de la crise d'asthme.

L'asthme touche 3,5 millions de personnes en France. Jusqu'à l'invention des antibiotiques, les complications infectieuses pouvaient être fatales pour un grand nombre d'entre elles, comme ce fut le cas pour Marcel Proust, mort à 51 ans.

Ce n'est qu'en 1969 qu'une véritable révolution s'est produite avec la mise au point de l'aérosol doseur de salbutamol. Plus connus sous l'appellation de *pschitts de ventoline*, ces petits flacons, toujours à portée de main, ont changé la vie des personnes asthmatiques. Jusque-là, elles étaient régulièrement soumises à des crises éprouvantes, angoissantes et à la limite de l'asphyxie durant parfois plusieurs heures. Aujourd'hui, grâce à une panoplie de *pschitts*, on vit mieux avec son asthme qu'à l'époque de Marcel Proust, même s'il n'y a pas encore de traitement définitif.

Une dérive est pourtant apparue, car le *salbutamol* est aussi un produit dopant. Compte tenu de son intérêt dans l'asthme, il n'est pas interdit aux sportifs, mais la dose retrouvée dans les urines est soumise à des limites. Curieusement, depuis quelques années, le nombre de coureurs cyclistes « asthmatiques » a beaucoup augmenté.

Voilà des champions qui ne *manquent pas d'air*.

> **Je ne peux plus bouger, plus respirer,**
> **j'ai les cerceaux qui bloquent mes éponges.**
>
> Frédéric Dard, *Bérurier au sérail*, Éditions Fleuve Noir, 1969

PRENDRE LA POUDRE D'ESCAMPETTE

s'enfuir, déguerpir

Il existe donc une jolie manière de dire que l'on prend la fuite : *prendre la poudre d'escampette.* On a dit aussi *prendre l'escampette.* Cette expression contient un terme apparu à la fin du XVIIe siècle et qui n'a survécu que dans ce contexte. *Escampette*, qui signifiait « fuite », est le diminutif de *escampe,* venant du verbe *escamper* « s'enfuir, s'esquiver », en usage dans le sud de la France. *Escamper* a pour origine le latin *campus*, qui a donné au français *champ* et *camp.* Quitter le champ, cela évoque une autre formule poétique, *prendre la clé des champs.* Le contexte militaire du *camp*, n'est pas à écarter : *décamper,* c'est « lever le camp » et par un curieux paradoxe, *ficher, foutre le camp.*

L'emploi de *poudre* fait également l'objet d'une hésitation entre la sphère militaire et l'univers champêtre. Pour certains, il s'agit de la poudre qui explose sur le champ de bataille et fait détaler les soldats. Pour ceux qui n'ont pas oublié le sens premier, c'est la poussière du chemin que l'on soulève en courant : c'est le cas de la *poudre aux yeux*.

Il est inutile de trancher entre ces deux interprétations. Après tout, le poète qui court après la liberté ne manque pas de faire appel aux métaphores guerrières pour évoquer l'amour. Et il est bien difficile de savoir si Verlaine avait en tête l'une ou l'autre de ces hypothèses lorsqu'il écrivit, dans ses *Chansons pour elle :* « Voulant te fuir (fuir ses amours ! Mais un poète est si bête) J'ai pris, l'un de ces derniers jours, La poudre d'escampette. »

> **Ah ? c'était l'endroit idéal, on peut pas dire le contraire, comme point de vue, coup d'œil et tout pour celui qui gamberge voyages, navigation, escampettes [...]**
>
> Louis-Ferdinand Céline, *Guignol's band*, 1944

PRENDRE SON FADE

prendre sa part, son plaisir

Écoutons, d'abord, Lazare Sainéan : « *Fade :* mot passé dans le langage des ouvriers où *fade* désigne la quote-part de chacun dans une dépense générale, l'écot que l'on paie dans un pique-nique ; *toucher son fade :* toucher sa paye. » (*Les Sources de l'argot ancien*, De Boccard éditeur, 1912.) C'est donc recevoir son compte. Si bien qu'*être fadé*, c'est être soûl, avoir sa charge de boisson, avoir son compte. Par extension : recevoir son compte dans quelque domaine que ce soit. Albert Dauzat apporte une dimension poétique à l'expression : « L'expression populaire *être fadé*, originairement "être favorisé par les fées" (du provençal *fado*), après avoir signifié d'abord "être bien servi", a fini, par suite d'un emploi ironique répété, par vouloir dire "être mal servi, volé". » (*L'Argot de la guerre*, Armand Colin, 1918.)

Celui qui est *fadé* serait bien pourvu, béni des dieux. Dans les *Mémoires* (1837) de Vidocq, *fader* veut dire « partager un butin provenant d'un vol ». *Être fadé*, « être bien partagé », par renversement ironique, est devenu « être mal partagé ». Un parcours semblable à *avoir décroché la timbale*.
Voici une maxime de voleurs : « Effarouche une thune ou cent dentelles de millets, tu payeras le même fade : vas-y donc de riff ! » : vole cinq francs ou cinquante mille, tu auras la même condamnation : Vas-y donc à fond ! En argot ancien, un *fadeur*, c'est un « individu qui suit les filous à la foire, surveille leurs démarches et exige de partager le butin avec eux ou il menace de les dénoncer. » (*Mémoires d'un forban philosophe*, 1829.)
Aujourd'hui, *prendre son fade* est le synonyme de *prendre son pied*.

> **Le fade, il est jamais tout à fait atteignable. Au moment de l'éblouissure tu te rends compte que c'est pas gagné, mais t'espères que ce le sera la prochaine.**
>
> San-Antonio, *Remets ton slip, gondolier !*, 1977

ACCORDER SES FAVEURS À QUELQU'UN

les premières et les dernières faveurs
dans la relation amoureuse

Le XVIIIe siècle, surtout, fut le siècle des *faveurs,* ces petits rubans qui servaient à attacher des colliers. Il y avait *les affiquets,* ces bijoux qui pouvaient s'agrafer au vêtement ou au chapeau. Pour agrémenter la robe, on trouvait des parements assortis travaillés *en chenille,* un minutieux travail de passementerie réalisé avec du ruban de soie. *Les sourcils de hannetons* étaient des franges portant de petites houppes semblables aux antennes des hannetons.

Les bas, les gants, les épées – parce que cette mode n'épargnait pas les hommes –, les souliers avaient leur garniture. Pour le talon, c'était le *venez-y voir.* C'est ainsi qu'en 1781, lors de la naissance du Dauphin, les souliers furent décorés d'un nœud à quatre rosettes surmontées d'une couronne dans le centre de laquelle était placé un dauphin.

Un mouchoir diplomatique cachait un sein que l'on ne saurait voir. Le vocabulaire enregistre la fonction avouée de tous ces chichis. Les rubans sont « aux soupirs de Vénus », les garnitures « au désir marqué », l'étoffe « aux soupirs étouffés », garnie en « regrets inutiles ». Les couleurs sont de la partie : « vive bergère » ou « cuisse de nymphe émue ». La couleur « puce » se décline en « ventre de puce en fièvre de lait » ou en « jeune puce », formules bientôt détrônées par la couleur « cheveux de la Reine ». Marie-Antoinette n'était pas avare de *faveurs*, c'est le moins que l'on puisse dire. Mais on ne plaisante pas avec les faveurs. Charles de Fieux, chevalier de Mouhy (1701-1784), fut embastillé en 1741 pour une satire sur les maîtresses royales, intitulée *Les Mille et Une Faveurs*.

Les faveurs de l'habit ont un objectif : *demander la becquée à Vénus* (XVIIe siècle), solliciter *les premières faveurs* d'une femme, si ce n'est *les dernières*.

Le malicieux roi Stanislas a su jouer de l'ambiguïté du mot. Lors d'une fête de village où Mme de la Ferté-Imbault acheta pour 15 sols de ces babioles, de ces colifichets, de *ces faveurs*, le roi prit le paquet de rubans et autres passementeries, le lança en l'air au milieu de la foire en criant à tue-tête : « Les faveurs de Mme de la Ferté-Imbault à 15 sols ! à 15 sols ! Qui en veut ? »

SANS COUP

FÉRIR

sans rencontrer la moindre résistance, sans difficulté

En contexte guerrier, *entrer sans coup férir dans une ville*, c'est y pénétrer sans difficulté. Et l'on atteint un objectif *sans coup férir* lorsque l'on y parvient sans encombre.

Aujourd'hui, *férir*, qu'on ne sait plus conjuguer, ne se rencontre plus que dans cette expression. Mais ce verbe avait jusqu'à la Renaissance un sens très concret : « frapper, donner un coup ». C'était pour *férir* que les chevaliers des romans médiévaux dégainaient leurs armes. *Férir la quintaine*, c'était s'exercer au combat en prenant pour cible un mannequin fiché sur un poteau. *Sans coup férir* signifie donc « sans porter le moindre coup, sans combattre ».

Tout chevalier le savait, il est rare de ne rencontrer aucune résistance. Qui attaque un adversaire est susceptible d'être frappé en retour, et d'être *féru*, « blessé », de manière plus ou

F

moins métaphorique. Ainsi, *être féru de quelque chose* a voulu dire dans la bouche d'un médecin « être frappé d'un mal, atteint de quelque pathologie ». Mais la blessure, conformément à la tradition qui associe l'amour au modèle de la guerre, peut être celle d'un cœur qui saigne et Furetière précise qu'un *cœur féru* est blessé par l'amour. Cette passion excède même le domaine des sentiments : *être féru* d'une idée ou d'un écrivain, c'est s'en enticher.
Ce verbe *férir* aujourd'hui recroquevillé dans une seule expression a donc voyagé du champ de bataille à des sphères abstraites. Il a même traversé les frontières : c'est de l'ancien verbe *s'entreferir*, « échanger des coups », qu'est issu l'anglais *to interfere*, qui, dans un mouvement inverse, a suscité *interférer*. L'évolution de la langue suit parfois une ligne sinueuse, faite de chocs et d'interférences, en général *sans coup férir*.

> **Cent fois déjà il avait ainsi capitulé sans coup férir, terrassé avant le corps à corps [...]**
>
> Georges Courteline, *Messieurs les ronds-de-cuir*, 1893

ÊTRE SOUS LA FÉRULE DE QUELQU'UN

être dans l'obligation d'obéir à quelqu'un

Si on apprécie d'être placé sous l'égide ou la houlette de quelqu'un, on aime beaucoup moins *être sous la férule* d'un tiers - dont on n'est pas vraiment féru, en vérité. On serait tenté de reconnaître en *férule* le *fer* de la main qui commande, même dans son gant de velours. Mais, en dépit des apparences, la férule n'a aucun rapport avec le fer.

Comme le latin *ferula*, *férule* désigne une plante qui pousse sur les coteaux arides du bassin méditerranéen. Cette plante possède des tiges épaisses et creuses, qui deviennent très dures en séchant. De ces tiges, les Romains firent des *ferulæ*, aussi bien des attelles pour contenir les membres fracturés que des baguettes dont se servaient les pédagogues pour punir leurs élèves.

C'est ainsi qu'en français, à partir du XIVe siècle, on nomma *férule* la petite palette et la règle de bois ou de cuir avec lesquelles les maîtres frappaient la main de l'écolier récalcitrant. Au XVIIe siècle, *férule* a signifié plus généralement « autorité ». C'est ainsi que l'expression *être sous la férule de quelqu'un* évoque une domination brutale.

Il a fallu attendre la fin du XIXe siècle pour que le sens de *férule* perde sa valeur concrète tandis que les brimades réservées aux cancres ont peu à peu disparu. Mais si le bonnet d'âne ou le piquet ne sont plus de mise et si les élèves ne se font plus tirer les oreilles, certains enseignants n'en continuent pas moins de mener leur classe à la baguette !

FÉRULE

LE MOT DU PETIT ROBERT

[feʀyl] nom féminin

ÉTYM. 1372 ◆ latin *ferula*

1. Plante herbacée *(ombellifères)* aux racines énormes, dont une espèce fournit l'assa fœtida. [...]

AVOIR LES FILS QUI SE TOUCHENT

s'énerver, exploser

Dans cette expression, les fils dont il est question évoquent les fils électriques qui, lorsqu'ils se touchent, produisent un court-circuit. Transposées dans le système nerveux, les fibres nerveuses ressemblent bien aux câbles d'une installation domestique. Cependant, le courant électrique constaté le long des fibres nerveuses est de l'ordre de 100 millivolts, soit 50 fois moins que le courant disponible dans un téléphone portable. Dans ces conditions, il ne se produit pas d'étincelle si « les fils se touchent ».
En revanche, les crises convulsives ressemblent beaucoup à un court-circuit. Il se produit alors une « décharge » simultanée et anormale d'un ensemble de cellules nerveuses. En temps normal, elles travaillent chacune à leur rythme, mais

lors d'une crise, elles se « synchronisent » et entraînent des convulsions. L'électroencéphalographie permet de mesurer l'activité électrique du cerveau. C'est l'examen indispensable pour le diagnostic et le suivi de l'épilepsie.
En neurologie, les spécialistes doivent se tenir particulièrement au courant tout en évitant d'être survoltés.

FAIRE

FLORÈS

obtenir des succès, de la réputation

Une rapide recherche sur Internet nous apprend que, de nos jours, le développement durable, les contrats précaires, les cafés littéraires, les cybermarchands font florès. *Faire florès* se dit d'une personne et plus encore d'un objet, d'une invention, d'un genre, d'une expression, qui connaît une réussite brillante et suscite de l'engouement. C'est en quelque sorte le contraire de *faire long feu,* qui marque un échec rapide.

L'expression évoque la floraison, symbole de l'épanouissement dans plusieurs expressions, des *jeunes filles en fleurs* de Proust au teint *fleuri* des paysannes et surtout à la *fleur de l'âge,* cet âge auquel on atteint une pleine maturité avant de commencer à « se faner ». Au-delà de la plénitude des corps, la floraison est souvent associée à la prospérité, qu'il s'agisse d'évoquer une économie ou un commerce *florissant,* ou de faire de

F

Que cent fleurs s'épanouissent le slogan trompeur de la Révolution culturelle maoïste.

Faire florès est selon toute vraisemblance apparenté au latin *flos, floris,* « la fleur » : il pourrait être issu de son dérivé *floridus,* « fleuri », peut-être via le provençal *faire flori,* « être dans un état de prospérité ». De manière un peu pédante, on évoque parfois « faire comme *Florès* », du nom de Florès de Grèce, brillant et vaillant chevalier, héros du roman éponyme de Nicolas de Herberay paru au milieu du XVIe siècle.

L'expression apparaît au XVIIe siècle, dans un sens éphémère et moqueur que rapporte Furetière : « faire de la dépense qui éclate, qui donne l'avantage sur les autres de même condition ». Du flambeur on est passé au succès mondain. Il ne s'agit pas de « jeter de la poudre aux yeux » pour l'emporter mais plutôt de « se répandre comme une traînée de poudre », par l'effet non de la force de la nature qui fait éclater les bourgeons, mais de celle du bouche-à-oreille et de l'imitation, qui, elle, ne connaît pas de saison.

Puis, s'adressant à Emma qui portait une robe de soie bleue à quatre falbalas : – Je vous trouve jolie comme un amour ! Vous allez faire florès à Rouen.

Flaubert, *Madame Bovary,* 1857.

AVOIR LES FOIES

avoir peur

Le foie, organe vital, a été longtemps considéré comme le symbole du courage. L'expression originelle, *avoir les foies blancs*, renvoyait à la notion de *pâleur*, bien souvent signe de la peur. L'image d'un foie qui devient blanc révèle par conséquent un manque de courage. Par métonymie, *être un foie blanc* signifie alors « être peureux ». L'usage courant a fini par abandonner son adjectif, comme c'est le cas par exemple de l'expression *se faire des cheveux blancs* qui est devenue *se faire des cheveux*.

De nos jours, le foie a perdu cette valeur symbolique, mais d'autres pouvoirs lui ont été attribués.

L'homéopathe français Joseph Roy a inventé, en 1925, un médicament contre la grippe à base de foie de canard de Barbarie. Il avait cru découvrir le microbe responsable du virus qu'il nomma *oscillocoque*. En revanche, nous ne saurons jamais comment il en a conclu que le foie de canard pouvait le guérir. Toutefois, la préparation du médicament était économique, puisque quelques grammes de foie permettaient la fabrication de plusieurs millions de doses. Il suffisait de faire macérer le petit morceau de foie dans un litre d'eau distillée, puis de prendre une goutte de ce liquide et de le diluer à nouveau dans un autre litre d'eau. L'opération devait être renouvelée 200 fois, mais, surtout, il fallait bien secouer à chaque fois pour « dynamiser » le médicament.

Depuis, on sait que la grippe est due à un virus, mais nullement à l'oscillocoque que personne, hormis Joseph Roy, n'a jamais rencontré. D'ailleurs, aucune étude n'a pu prouver que son « médicament » avait une efficacité supérieure au placebo. Pourtant, il continue à se vendre avec un succès certain. Qui sait ? Peut-être protège-t-il du *froid de canard*...

> **« Il vient de courir au bureau du colonel, pour voir si rien n'est arrivé pour lui, vu qu'il a fait une demande dans l'aviation, me conta un sergent-major. Il a les foies, le frère ; il n'a pas envie de monter avec nous. »**
>
> Pierre Drieu La Rochelle, *La Comédie de Charleroi*, Gallimard, 1982

PASSER SOUS LES FOURCHES CAUDINES

subir des conditions dures ou humiliantes

On pouvait lire récemment que « le budget de l'Union européenne devait passer sous les fourches caudines des États ». Cette perspective présageait des contraintes, des épreuves qui mettaient en cause ce budget, mais auxquelles il faudrait se soumettre. C'est une manière d'indiquer qu'il va falloir se plier, contre son gré, à des conditions drastiques.

D'où sortent ces fourches menaçantes ? Qui les brandit ? Il n'est pas question ici d'instrument agricole fourchu, mais d'un épisode de l'histoire romaine. Au IVe siècle avant notre ère, la conquête de l'Italie par les Romains se heurte à des résistances. Il leur faut trois guerres pour venir à bout des Samnites, peuple sabellien d'Italie centrale. La deuxième se termina en 321 par une défaite romaine mémorable, près de

Capoue, non loin de Naples. Les *Fourches caudines* tirent leur nom du site de la bataille : montagneux, il comporte un défilé, formé de deux étroites gorges se rapprochant en forme de fourche, et le qualificatif rappelle le nom du lieu, *Caudium*. Les Romains, s'étant laissé enfermer dans ce défilé, furent forcés de se rendre malgré leur nombre, leur technique militaire éprouvée et la présence de deux consuls à leur tête. Magnanime, le général samnite accepta de laisser partir les vaincus non sans les avoir dépouillés de leur équipement et contraints à passer sous le joug. Chacun, des plus hauts dignitaires aux simples soldats, dut subir cette humiliation publique et les Samnites, s'ils n'ont pas pris Rome, ont ce jour-là pris « la bravoure et la fierté des Romains » rapporte Tite-Live, qui ajoute que c'est « un titre de guerre beaucoup plus important ».
L'expression, apparue à la fin du XVIIe siècle avec son sens figuré, rappelle cet affront. À cette époque, l'histoire romaine était une référence évidente. Aujourd'hui, les fourches de Caudium sont un mystère. Si l'expression n'a rien à voir avec une fourche, arme potentielle associée aux jacqueries ou au diable, la douleur qu'elle évoque est tout aussi cuisante.

UNE FRACTURE DU MYOCARDE

un infarctus du myocarde

Facture ou *farce* ? *Fracture* ou *cactus* ? Le terme *infarctus* a beau être courant, il est régulièrement déformé à l'oral.

Ce mot est dérivé du verbe latin *farcire*, « remplir », qui a aussi donné *farcir*. Il désigne une destruction d'un organe par l'obstruction des artères qui l'irriguent. Le *myocarde* étant le muscle du cœur, un *infarctus du myocarde* est donc la destruction d'une partie plus ou moins importante du cœur.

Avec ses trois consonnes à la suite, le mot *infarctus* est difficile à prononcer. On a donc tendance à inverser des lettres pour dire *infractus*, ou à confondre le terme avec un mot qui lui ressemble. *La fracture du myocarde* est un à-peu-près assez paradoxal. Le myocarde étant un muscle et non un os, on peut difficilement le fracturer, à moins de vous *briser le cœur*.

F

Bien qu'un infarctus ne soit pas une fracture du cœur, il peut l'endommager sérieusement. Sa gravité dépend de l'étendue des destructions. Si une petite artère est bouchée, les conséquences restent minimes en cas d'intervention rapide. Au contraire, si l'artère est importante, ou si l'intervention est tardive, le malade court un risque de mort subite ou de séquelles graves. Malgré son étymologie, l'infarctus n'a rien d'une farce.

Faire un cactus dans la cocarde est une autre façon de décrire un infarctus du myocarde. Avec ses piquants, le *cactus* évoque la douleur de l'attaque cardiaque. En revanche, *cocarde* n'est là que pour la rime, car cet insigne s'épingle au chapeau et non à la poitrine. Ce jeu sur les sons permet de tourner en dérision le jargon médical, à la manière des approximations loufoques de Frédéric Dard, comme *cage trop raciste* ou *rime cardiaque*.

« C'est une fracture du myocarde ! et c'est vachement grave comme truc », a diagnostiqué Antoine en découvrant la mère de Martin, immobile dans son lit. Morte depuis deux jours.

Jacques Fansten, *La Fracture du myocarde*, Gallimard, 1991

ÊTRE

FRAPPADINGUE

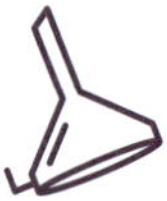

être fou

*F*rapper* fait partie des termes qui évoquent la folie par l'image d'un coup donné sur la tête. C'est le cas de nombreuses autres constructions, comme être *marteau*, être *sonné*, être *timbré*, être *toqué* ou encore être *cinglé*. Être *dingue* pourrait venir de « dinguer », figurant le balancement des cloches… Le jeu sur un double mot, dans *frappadingue*, a un effet humoristique qui adoucit la gravité de la folie. Un frappadingue n'est pas méchant, mais plutôt « loufoque » ou, mieux, « louftingue ».

Depuis une dizaine d'années, de jeunes adultes se baptisant les « Frappadingues » organisent des compétitions ludiques. Ce sont des courses à pied d'une dizaine de kilomètres comportant une quarantaine d'obstacles, principalement liés à la boue et à des traversées d'eau. Les concurrents doivent être constitués en équipes mixtes dont le but n'est pas un chrono, mais de réussir l'exploit de terminer la « course de boue extrême ».

Cet objectif montre bien que les « Frappadingues » font preuve non seulement d'une bonne santé physique par les épreuves qu'ils s'imposent, mais aussi d'une excellente santé mentale par leur sens de l'ironie. Et quoi de mieux pour aérer le cerveau que de prendre le grand air !
L'autodérision est assez répandue dans le sport. L'équipe de France de handball masculin de 1993 à 1996 s'était attribué le surnom « Les Barjots ». Face à un défi improbable, se déclarer fou de le tenter peut se comprendre comme une formule magique.
Comme de dire « merde » pour souhaiter *bonne chance.*

Il [le vendeur] me demande laquelle.
Je la [la bague] lui montre, il pince les lèvres et il fait :
– Deux mille trois cents francs. [...]
– Anciens ou nouveaux ?
Il a eu un sourire comme s'il avait avalé une pelote d'épingles.
– Nous parlons en nouveaux francs.
Deux cent trente mille francs. Bingo.
Complètement frapadingues, les mecs.

Patrick Cauvin, *E = mc², mon amour*, Le Livre de Poche, 1983

AVOIR LES PIEDS DANS LE GAZ DE SCHISTE

être dans une très mauvaise situation

Voilà une nouvelle version du *trente-sixième dessous* ou de la *descente aux enfers*. Le gaz de schiste se trouve entre 1 500 et 3 000 mètres de profondeur, ce qui donne une certaine mesure à l'expression *toucher le fond*.
Le gaz de schiste est un sujet d'actualité très controversé, une *patate chaude*. Le gaz devrait évoquer quelque chose d'aérien, de léger, mais la polémique écologique et le schiste en font quelque chose de pâteux, de collant. En y mettant les pieds, on risque de rester englué et de s'enfoncer comme dans des sables mouvants.
Face à un échec, la réaction la plus fréquente est d'en minimiser la portée, voire de le nier. C'est la *langue de bois*. La deuxième attitude, plus pertinente, consiste à pratiquer l'autodérision et l'autocritique. Les conséquences d'un échec

électoral, par exemple, ne sont pas aussi graves qu'un état de stress post-traumatique (ESPT), mais les mécanismes sont très proches.

Avant les années 1980, dans la gestion des grandes catastrophes, on donnait la priorité aux blessures physiques. Les conséquences psychologiques n'étaient pas prises en compte d'emblée. Pourtant, cette attitude aboutissait à de très graves répercussions sur le long terme. L'évaluation de l'état de stress post-traumatique et l'accompagnement des victimes immédiatement après l'événement traumatisant ont prouvé leur efficacité depuis.

On ne connaît pas bien les méthodes de soutien psychologique dont bénéficient les personnalités politiques victimes d'échec électoral.

Mais de toute façon, ce qui compte pour elles, c'est qu'elles puissent rapidement *remettre le pied à l'étrier.*

Dans le dernier baromètre TNS Sofres, sa cote d'avenir reste scotchée à 20 %, très loin derrière François Fillon, Nicolas Sarkozy ou encore Alain Juppé. « C'est vrai qu'au niveau des sondages, j'ai les pieds dans le gaz de schiste », reconnaît-il.

Jean-François Copé, dans l'émission « Des paroles et des actes », France 2 (10 octobre 2016)

PEIGNER LA

GIRAFE

ne rien faire d'utile

Vous avez peut-être entendu dire, de façon désabusée : « Oh ! Faire ça ou peigner la girafe ! » Faire ça ou autre chose, c'est, pour rester dans le registre exotique et animalier, *kif-kif bourricot*.

L'expression ne cherche pas ses origines bien loin, puisque la girafe fut longtemps ignorée des Européens ou considérée comme un animal fabuleux. Jusqu'à ce qu'une girafe arrive à Marseille, puis à Paris. En 1825, le consul de France en Égypte apprend qu'un seigneur soudanais a envoyé deux girafes au vice-roi d'Égypte. Le consul obtient que l'une des deux girafes soit offerte au roi Charles X. C'est ainsi qu'elle débarque, à Marseille, le 26 octobre 1826, flanquée de trois vaches fournissant vingt-cinq litres de lait dont l'animal, non encore sevré, a besoin quotidiennement. Elle reste tout l'hiver à Marseille et, en mai 1827, elle prend la tête du convoi qui la conduit à Paris. Pendant les quarante jours du voyage, la foule s'amasse sur le parcours. De nombreuses auberges prennent pour enseigne « À la girafe », supplantant « Le Lion d'or », calembour sur « Ici l'on dort ». Arrivée à Paris le 30 juin 1827, elle est mise en pension au Jardin des Plantes après avoir été présentée au roi en grande pompe. Elle est alors l'objet d'une véritable vogue : apparaissent des robes, des coiffures *à la girafe*, aussi extravagantes que celles portées par Marie-Antoinette. Il n'est pas de coiffeur qui ne possède son plat à barbe *à la girafe*. Elle est partout : sur les assiettes, les plaques de cheminée, les tableaux en perles.

Une phrase, dans la notice proposée par Claude Duneton, attire notre attention : « [...] l'on tapisse les appartements de papiers peints dont elle constitue l'élément décoratif essentiel, inlassablement répété. » (*La Puce à l'oreille*, Stock, 1979.)

D'ailleurs, je m'en fous... On verra bien...
Faire ça, ou peigner la girafe !

Roger Martin du Gard, *Les Thibault*, 1953

UNE GORGE PROFONDE

un informateur clandestin

Gorge profonde est le nom de code d'un informateur clandestin à l'origine du scandale du Watergate et de la démission de Richard Nixon, président des États-Unis, en 1974.

En 1972, W. Mark Felt, haut responsable du FBI, a donné à Bob Woodward et Carl Bernstein, journalistes au *Washington Post*, les informations qui leur ont permis de révéler le scandale. Les journalistes ne connaissaient pas son identité. Ils le rencontraient seulement dans des parkings souterrains et ne voyaient jamais son visage. Ainsi, Mark Felt réussit à garder l'anonymat pendant plus de trente ans.

En 1972 aussi, un film pornographique intitulé *Deep Throat* (« Gorge Profonde », en français) eut un grand succès et

défraya la chronique. Par association d'idées, Bob Woodward et Carl Bernstein employèrent cette expression pour désigner leur contact secret.
Une *gorge profonde* est le nom donné à une pratique sexuelle particulièrement brutale. Cette pratique connote alors péjorativement la pornographie à cette époque. Elle est synonyme de trahison, de lieux souterrains… ce qui plut aux journalistes, qui ont vu dans cette expression une représentation de la voix anonyme qui leur révélait des secrets d'État lors de leurs rencontres souterraines.
Depuis, en français comme en anglais, une *gorge profonde* désigne un informateur anonyme qui dénonce des actions secrètes et illégales.
Inutile de dire qu'en 1974, les opposants à Richard Nixon en ont fait des *gorges chaudes*.

> **L'inconvénient étant que pour cela il me faudrait une Gorge profonde. Et cela ne se dégote pas sous le sabot d'un cheval. C'est farouche, une Gorge profonde. Elle risque le licenciement pour faute si ses chefs apprennent à quel jeu elle joue.**
>
> Yves Bourdillon, *Souriez, vous êtes ruiné*, Éditions du Rocher, 2016

FAIRE DES GORGES CHAUDES DE QUELQU'UN

se moquer

En fauconnerie, la base du dressage est d'obtenir d'un rapace qu'il ramène une proie en échange d'une récompense. Mais cette récompense est toujours moindre que le gibier rapporté. On peut alors dire que le dresseur se moque du faucon à ses dépens. Par ailleurs, cette récompense doit être vivante et donc encore « chaude ». Il s'agit en général d'un rongeur mis directement dans la gorge du faucon dressé, et c'est pour cela qu'on la nomme une *gorge chaude*. Toutefois, donner un petit rongeur comme récompense à un grand rapace qui vient de ramener un gibier de valeur n'en reste pas moins une tromperie, une duperie.

Tout cela peut sembler bien barbare, mais il ne faut pas oublier qu'une grande partie de l'éducation traditionnelle des enfants est basée sur le même principe. « Mange ta soupe et tu auras

du dessert », « Si tu fais ce que je te demande, tu auras un bonbon », etc.
Dans le même registre, les « sucrettes » trompent le cerveau des amateurs de sucre. Ces édulcorants donnent l'impression d'avaler du sucre alors que ce qui est absorbé n'est absolument pas nourrissant.
La *saccharine* est le premier produit de remplacement du sucre. Elle fut largement utilisée pendant la Seconde Guerre mondiale dans les pays où le sucre fut rationné. Avec d'autres produits semblables, comme l'*aspartame*, elle devint très employée à partir des années 1970 pour préparer des produits allégés.
L'organisme se laisse prendre par ce subterfuge et se comporte comme si du vrai sucre allait arriver dans l'estomac. Il se produit alors une sécrétion d'insuline qui anticipe l'arrivée de sucre dans le sang. Mais l'insuline va quand même faire baisser le taux de glucose dans le sang, ce qui entraîne une sensation de faim… L'obésité et le risque de diabète sont donc plus élevés en consommant des boissons allégées que des boissons contenant du sucre véritable.
Il ne s'agit plus aujourd'hui de remplacer un produit que l'on a du mal à se procurer, mais de rassurer des adultes gloutons qui craignent de grossir. Il serait plus raisonnable de manger moins, mais cela va à l'encontre du développement de la société de consommation, alors…
C'est l'application au marketing des vieux principes de la fauconnerie.

JETER SA GOURME

faire ses premières folies, ses premières frasques

Dans cette expression, *jeter* a le sens de « faire sortir de soi ». Au XIVe siècle, le premier sens de *gourme* est celui d'une maladie propre au jeune cheval. Elle entraîne notamment un « jetage », c'est-à-dire un écoulement important de sécrétions par les naseaux. Une fois guéri, le poulain est immunisé et ne refera plus cette maladie.

Par analogie, la gourme a aussi désigné l'*impétigo*, une maladie de la peau courante chez les enfants, même de nos jours. Il se forme de petites cloques, principalement sur le visage, autour du nez et de la bouche, qui émettent des sécrétions jaunâtres (c'est aussi un *jetage*), puis des croûtes. Finalement, « jeter sa gourme » est devenu le modèle du comportement tumultueux de l'adolescence.

Françoise Dolto, pédiatre et psychanalyste française, a défini un comportement assez comparable, le « complexe du

homard ». La croissance du jeune homard se fait par mue, c'est-à-dire par abandon de la carapace trop petite pour laisser se former une nouvelle, plus grande. Elle décrit la psychologie de l'adolescent à l'étroit dans une sorte de carapace devenue trop petite. Il doit la quitter, mais cela le rend vulnérable. L'adolescent hésite entre le retour à l'enfance et le combat de la vie d'adulte où il se sent persécuté.
Peut-être que si les parents *lâchaient un peu plus la bride* à leurs adolescents du XXIe siècle, ces derniers oseraient *se jeter à l'eau* et prendre leur vie en main.

> **[…] jetant enfin lui aussi sa gourme, pour rompre l'envoûtement d'une menace épouvantable et éternelle […]**
>
> Antonin Artaud, *Œuvres complètes*, Gallimard, 1996

METTRE LE GRAPPIN SUR QUELQU'UN

accaparer quelqu'un

L'expression s'est focalisée sur les relations de couple. C'est la femme qui, selon les stéréotypes en vigueur, s'arrangerait pour *mettre le grappin* sur une bonne affaire, un bon coup, un homme plus que solvable.
Heureusement, Blaise Cendrars rectifie le tir : « Les femmes me comprendront qui savent qu'une cage, et même une cage dorée, [...] n'est pas habitable à la longue et n'est plus tenable quand l'amour frappe à la porte ou rôde autour de la maison et que l'ogre qui vous tient veut vous grignoter ou vous donner sa fille pour mieux vous mettre le grappin dessus. » (*Le Lotissement du ciel*, Denoël, 1949.)

Les hommes ont tendance à craindre celles qui leur *mettent le grappin dessus, des crampons*, les « miss Sécotine » et autres « Uhu ». Celles qui savent *harponner, ferrer* et ne plus lâcher. À l'origine, *le grappin* est une petite ancre (vers 1382), puis, à partir de la fin du XVe siècle, un crochet d'abordage. Si l'on pêche à la ligne, l'hameçon est un petit crochet de métal armé de plusieurs points et fixé au bout d'une ligne, garni d'appât pour prendre un poisson. Dans un sens figuré, *mordre à l'hameçon*, c'est se laisser séduire par des apparences trompeuses.

LE MOT DU PETIT ROBERT

GRAPPIN

[ɡʀapɛ̃] nom masculin

ÉTYM. 1376 ◆ de *grappe* « crochet, agrafe »

▪ LOC. *Mettre le grappin sur qqn, qqch.*, l'accaparer, le retenir. *C'est un raseur, quand il a mis le grappin sur vous, il ne vous lâche plus.*

« Il avait dû jeter le grappin sur le magot de sa bourgeoise » (Émile Zola, *L'Assomoir*, 1877).

AVOIR UN GROS COU

être prétentieux

À Bruxelles et en Wallonie, *avoir un gros cou* est dit d'un personnage prétentieux. Le verbe *se rengorger* a une signification semblable. Si au sens propre, il signifie « approcher son menton auprès de sa gorge pour la faire paraître plus belle et plus grasse », au sens figuré, il désigne quelqu'un qui sort les épaules, qui donne à son cou une grosse apparence et qui fait alors le paon. C'est un « monsieur ou madame je-sais-tout ».

Parfois, chez l'être humain, le cou peut grossir sous l'influence des hormones. La thyroïde malade peut provoquer chez certaines personnes l'apparition d'un goitre. Moins connues, les glandes surrénales peuvent s'emballer comme dans la maladie de Cushing, dont les principaux symptômes sont liés à un

excès de production de cortisone. Parmi ces symptômes, le plus visible est une augmentation du volume de la partie supérieure du corps : un œdème du visage, un gonflement du cou et de la nuque. C'est une maladie progressive, dont le diagnostic est assez facile. La cause la plus classique est une petite tumeur bénigne des glandes surrénales. Dans ce cas, un traitement existe et la guérison est possible.
Curieusement, un excès de cortisone peut aussi provoquer une euphorie et une exaltation trompeuse. Bien entendu, c'est un pur hasard si une maladie hormonale se manifeste simultanément par un gros cou et un comportement présomptueux.
Et ce n'est pas une histoire belge.

COURIR LE

GUILLEDOU

aller en quête d'aventures galantes

*Courir le jupon, le cotillon** ou *la prétentaine* sont autant de manières imagées d'évoquer la recherche et la multiplication d'aventures galantes. Il en est une autre plaisante et volontiers archaïsante, *courir le guilledou.*

Parmi les plus anciennes formes, *courir le guildron* voulait dire « courir l'aventure » et *courir le guildrou* « fréquenter de mauvais lieux ». Au XVIIe siècle, Furetière qualifie ce terme de burlesque et dit « qu'une femme court le *guilledou* lorsqu'elle se dérobe à son domestique [à son ménage], et qu'on ne sait où elle va, ce qui fait présumer que c'est en de mauvais lieux ». Une femme qui délaissait les affaires de sa maison ne pouvait que mal tourner ! Quant aux hommes qui courent le guilledou, ils fréquentent les lieux de débauche.

On a pensé que le mot dérivait de l'occitan *aguillodo,* correspondant au mot *aiguillette,* dont on connaît les connotations érotiques : c'était le lacet qui fermait la braguette. Il s'agit plutôt d'un composé de *guil(l)er*, « tromper, ruser », et de l'adjectif *doux*. Les dérivés régionaux de ce verbe conservent l'idée de séduction par la ruse. *Conter guillette* à une femme signifie « la séduire », de même que *enguilbauder*, qui se disait en Normandie et dans le Poitou. Dans la Somme, une *guilebeute* est une femme de petite vertu.

Le verbe *courir*, quant à lui, est à prendre au sens de « fréquenter assidûment », comme dans *courir les magasins*. Mais il est possible que le sens de « poursuivre, chercher à attraper » ne soit pas étranger à son succès, la langue, fort machiste, comparant volontiers la conquête amoureuse à une partie de chasse.

> **Moi, je vous croyais des maîtresses à la douzaine, des danseuses, des actrices, des duchesses, rapport à vos absences [...] Qu'en vous voyant sortir, je disais toujours à Cibot : Tiens, voilà monsieur Pons qui va courir le guilledou !**
>
> Balzac, *Le Cousin Pons*, 1847

CRIER HARO SUR LE BAUDET

dénoncer quelqu'un ou quelque chose à l'indignation de tous

La langue française n'est pas toujours tendre avec les animaux. Quand on *crie haro sur le baudet*, on identifie un responsable, on désigne à l'indignation collective un âne déguisé en *bouc émissaire*. Il y a pourtant longtemps que les rues ne résonnent plus du cri de *haro, haro !*
Ce *haro* vient de l'ancien français *hare*, cri d'origine germanique, par lequel on excitait les chiens de chasse. Dans le droit coutumier normand, *haro* servait à la victime d'un forfait, qui, en poussant ce cri, signalait le coupable d'un flagrant délit et obligeait ceux qui l'entendaient à intervenir et à prêter main-forte à la justice.

Crier haro sur quelqu'un conserve le sens de « dénoncer à l'indignation de tous » : si l'auditeur ne se trouve plus contraint à agir par une règle de droit, il est appelé à s'élever moralement contre la cause du méfait. L'expression évoque moins la solidarité avec la victime qui dénonce que la vindicte populaire, inique lorsqu'elle s'en prend aux faibles et aux innocents.

Le plus souvent, c'est sur le baudet que l'on crie. Mais pourquoi s'en prendre à cette pauvre bête ? La faute en revient à Jean de La Fontaine ! Dans sa fable *Les Animaux malades de la peste*, les animaux réunis avouent les fautes qu'ils ont commises, dans l'espoir de trouver le coupable qui pourrait justifier le fléau et donc la colère divine qui l'aurait causé. Après les confessions cyniques des puissants, habiles à dégager leur responsabilité, vient le tour de l'âne, qui avoue un forfait minuscule : il a grignoté quelques brins d'herbe dans le pré d'un couvent. « On cria haro sur le baudet », heureux de se défausser sur une victime commode, qui n'a pas les moyens de se défendre.

« Selon que vous serez *puissant ou misérable*, Les jugements de Cour vous rendront blanc ou noir » conclut durement La Fontaine, dénonçant une justice à deux vitesses qui s'en prend aux faibles plus volontiers qu'aux grands de ce monde. En désignant ce doux animal à la réprobation générale, La Fontaine a sauvé une clameur séculaire, vouée à l'oubli, et un nom familier de l'âne, qui n'est pas sans charme.

L'HEURE DU BERGER

le moment favorable

Les bergeries, un genre littéraire florissant aux XVIIe et XVIIIe siècles, évoquent la patience du berger, qui attend le moment propice pour se déclarer ou pour surprendre l'objet de ses désirs dans de bonnes dispositions. Comme tous les deux sont censés se trouver en pleine nature, ils seraient à l'origine de l'expression *donner la cotte verte*, autrement dit, badiner sur l'herbe. C'est Furetière qui le signale : « Cette expression est empruntée des aventures des bergers qui, rencontrant leur bergère sur l'herbe, se prévalent du moment favorable. » Ce qu'il n'ajoute pas : la bergère emporte sur sa robe les traces vertes de l'herbe qui a servi de tapis à ses ébats... N'oublions pas que l'étoile du berger, c'est Vénus.

« Un an s'était déjà sans faveurs écoulé,
Quand, l'époux de la belle aux champs étant allé,
J'aperçus dans les yeux d'Amarille gagnée
Que l'heure du berger n'était pas éloignée. »
(Jean de La Fontaine, *Élégie*, 1671.)

L'heure du berger n'est pas réservée aux amants. C'est à tout un chacun de savoir profiter de l'occasion favorable, de *saisir l'occasion aux cheveux ;* car l'occasion est chauve : elle ne se présente qu'une seule fois. C'est *le Kaïros* des anciens Grecs. Il faut savoir agir pendant que *la corde est au puits.*
La publicité pour un apéritif anisé, le Berger, n'a pas manqué l'occasion : « C'est toujours l'heure d'un Berger ! » Ceux qui écoutaient Radio-Luxembourg dans les années 1950 ont encore dans l'oreille la voix de Pierre Larquet disant : « Ah ! ce Berger, quel délice ! »
Il est toujours possible d'employer cette formulation : *la réponse du berger à la bergère*, pour clore une discussion avec un argument qui porte juste.

METTRE DE L'
HUILE
DE COUDE

mettre de l'énergie dans un travail physique

Dans cette expression, le corps est vu comme une machine et ses articulations, comme des rouages. Mettre de l'huile dans une machine lui permet de bien fonctionner, le composé gras de l'huile permettant à deux rouages bloqués de se remettre en mouvement avec plus de fluidité. Mais *l'huile de coude* désigne une huile imaginaire qui permettrait aux articulations des bras de fonctionner « à plein régime ».

Il y a bien un liquide qui joue ce rôle chez l'être humain, c'est le liquide synovial. Dès qu'une articulation souffre, on observe une production excessive de liquide synovial et c'est cela qui fait gonfler l'articulation.

Cela concerne des sportifs, mais surtout les travailleurs manuels, qui sont les plus enclins à se blesser au niveau des articulations.
L'avenir est peut-être aux robots « bien huilés » effectuant toutes les tâches pénibles et répétitives. Il restera peut-être un peu d'*huile de coude*, mais uniquement pour *rouler des mécaniques*.

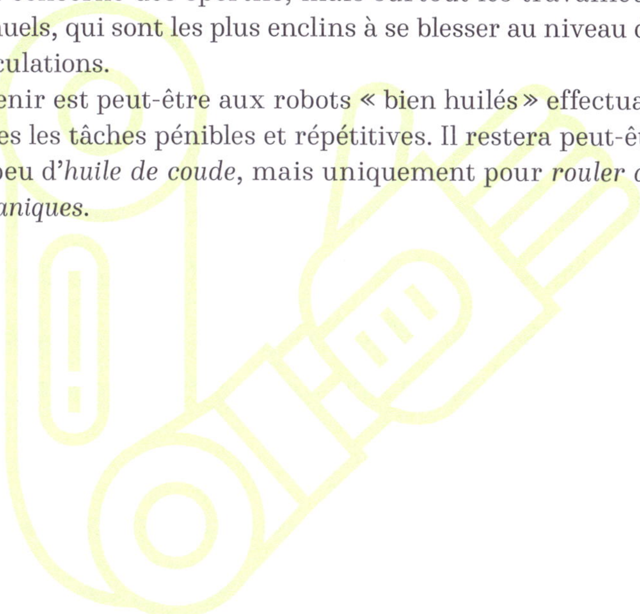

> **Au début de sa vie, elle nettoyait les vitres avec du papier journal froissé mouillé et beaucoup de ce qu'elle appelait l'« huile de coude ».**
>
> Marie Rouanet, *La Marche lente des glaciers*, 1994

BRONZER

IDIOT

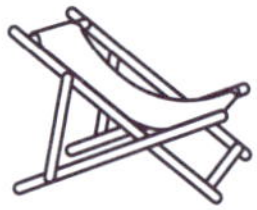

passer des vacances passives à rester au soleil

La pièce de théâtre intitulée *Je ne veux pas mourir idiot* de Wolinski et Confortès sortie en 1968 est devenu le leitmotiv d'une génération qui cherche à comprendre et à participer à l'évolution de la société.
Cette phrase est à l'origine d'une série de formules comme *manger idiot*, *dormir idiot*, etc. Notre expression n'échappe pas à la règle et pointe du doigt les personnes cherchant à tout prix à se colorer la peau par le soleil en ne faisant rien d'autre que s'allonger sur un transat pendant des heures. Les « bronzés » donnent l'image de vacanciers désœuvrés, égoïstes pour la plupart et coupés des réalités du monde, comme le sont les personnages du film éponyme bien connu.
Or, pendant longtemps en Europe le teint clair était celui de la distinction. En revanche, le visage bronzé, celui des travailleurs de la terre, était le signe des classes pauvres.

Aujourd'hui encore dans certains pays la blancheur de peau est toujours recherchée, par exemple au Japon où le teint pâle est gage d'esthétique. Le bronzage est devenu une mode à partir des années 1920 et surtout 1950. On assiste même à un renversement des valeurs : être bronzé en hiver signifie que vous avez les moyens soit d'aller faire du ski, soit de partir en vacances sous les tropiques.
C'est pour cette raison que la mode du bronzage artificiel avec des lampes à ultraviolets s'est développée dans les années 1970. Malheureusement, on s'est rapidement aperçu que cela pouvait provoquer des cancers de la peau.
Peut-être vaut-il mieux alors être bronzé comme *un cachet d'aspirine* ou comme *un pied de lavabo*, plutôt que de *mourir idiot*.

> **On a bronzé idiot et c'est très bon, avec au fond du sac un bouquin alibi dont on a lu trois pages.**
>
> Philippe Delerm, *Le Trottoir au soleil*, Gallimard, 2011

AVOIR LES JAMBES COUPÉES

être frappé de stupéfaction

Dans cette expression, que ce soit de fatigue ou d'émotion, soudain les jambes ne portent plus, elles se dérobent, comme détachées du corps. *Avoir les jambes coupées*, c'est d'abord être incapable de marcher, par manque de force. En cas de très grande fatigue, on en tombe sur les genoux, on se retrouve *sur les rotules*. À l'extrême, on a même *les jambes qui rentrent dans le corps*. Par glissement, l'expression a pris le sens d'« être stupéfait », car, si *les bras nous en tombent*, on peut aussi avoir les jambes qui lâchent sous le coup de l'émotion.

Curieusement, en signe de repentance, des personnes croyantes font des pèlerinages en marchant sur les genoux.

Ce genre de pénitence est très répandu dans presque toutes les religions et dans le monde entier. C'est peut-être un moyen de gagner le paradis dans le ciel, mais sur Terre, c'est très mauvais pour les rotules et cela occasionne un véritable enfer de douleurs.

Une personne qui a *les jambes coupées* par une forte émotion, flageole et s'affaisse, mais ne *tombe pas dans les pommes*. Elle peut encore s'asseoir, le temps de reprendre ses esprits. Physiologiquement, le mécanisme est celui du fameux malaise « vagal », car la responsabilité en a été attribuée au nerf dit *vague*. Les médecins du XVIIe siècle lui donnèrent ce nom, parce qu'ils n'étaient pas arrivés à localiser toutes ses nombreuses ramifications. Plus tard, les neurologues ont identifié son rôle dans la régulation de la pression sanguine. Au cours des malaises dus à l'émotion, il entraîne une diminution du débit sanguin dans les membres inférieurs, ce qui explique bien cette sensation de « jambes en coton ».

De quoi *donner du fil à retordre* aux médecins des urgences.

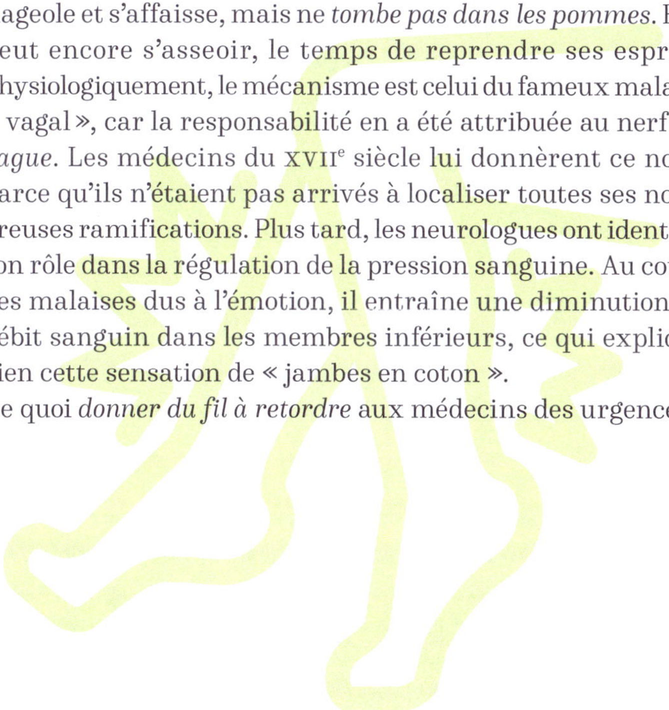

EN FAIRE UNE

JAUNISSE

être très contrarié par quelque chose

La jaunisse (ou *ictère*) est généralement due au passage de la bile dans le sang à la suite d'une maladie du foie. De longue date, le foie et la bile sont associés à un tempérament inquiet, émotif. *Faire une jaunisse de quelque chose*, après avoir été contrarié, c'est éprouver du dépit. L'expression se trouve donc dans le même registre que *se faire de la bile* ou *en faire une maladie*.

Du point de vue médical, il est possible qu'une contrariété puisse entraîner une jaunisse dans certains cas particuliers. Cela peut se produire chez certaines personnes porteuses d'une anomalie génétique du métabolisme de la bile, comme le syndrome de Gilbert. Il s'agit d'une maladie bénigne qui, en temps normal, ne provoque aucune gêne et ne se voit pratiquement pas. En revanche, la fatigue, une infection ou le

stress peuvent entraîner une aggravation passagère et l'apparition d'une forte jaunisse. La maladie de Gilbert toucherait entre 5 et 10 % de la population, ce qui est assez important. Hergé, l'auteur de Tintin, était connu pour le caractère scrupuleux de sa documentation. Lorsqu'il décrit la jaunisse du général Alcazar dans son album *L'Oreille cassée*, on peut penser qu'il s'était bien renseigné sur le sujet. Ayant perdu aux échecs, le général Alcazar sort un pistolet et tire sur Tintin. C'est une plaisanterie, car les balles sont à blanc. Cela amuse beaucoup le général, qui se vante d'avoir provoqué une jaunisse chez Tintin, qu'il a effrayé de cette façon. Là-dessus, un attentat à la bombe se produit, mais épargne Alcazar. Le lendemain, lorsque Tintin prend de ses nouvelles, il s'avère que le général en a fait une jaunisse.
Dans les situations moins dramatiques, sans faire une jaunisse, on peut se contenter de *rire jaune*.

« Allô ?... Je suis bien chez le général Alcazar ?...
Ah ! C'est vous, docteur... Comment va le général ?...
Comment ?... LA JAUNISSE !!! »
Le médecin répond :
« La jaunisse, oui... Le saisissement vous comprenez... »

Hergé, *Les Aventures de Tintin, tome 6 : L'Oreille cassée*, Casterman, 1993

PRENDRE DES VESSIES POUR DES LANTERNES

commettre une grossière méprise

À l'époque où l'on tuait le cochon à la ferme, la vessie de l'animal, n'ayant aucun intérêt culinaire, était gonflée d'air comme un ballon et donnée pour jouer aux enfants. Par métaphore, une vessie représentait une chose sans valeur, insignifiante. Les lanternes ne sont pas des objets éclairants. À l'origine de l'expression, au XVIe siècle, elles n'étaient que des « absurdités, des balivernes ». *Prendre des vessies pour des lanternes* vient d'une locution plus ancienne : *vendre vessie pour lanterne*, puis *faire de vessies lanternes*. Chacun des deux termes ne figure « que du vent » avec une connotation d'exagération.

Chez l'être humain, la propension à *prendre des vessies pour des lanternes* de façon répétitive relève du délire d'interprétation. L'exemple le plus frappant est celui de Don Quichotte et de la fameuse scène des moulins qu'il prend pour des géants. *Prendre des vessies pour des lanternes*, c'est émettre un jugement faux à partir de faits réels observés.
Ça crève les yeux.

« *(Un ensorceleur)* s'était juré de me mystifier, m'écartant des régions qu'il eût fallu prospecter, me frappant, ici, de cécité et, là, me faisant prendre des vessies pour des lanternes... »

Michel Leiris, *Frêle bruit*, 1976

PLEURER DES LARMES DE SANG

pleurer des larmes causées par une douleur cruelle, un remords terrible

Les larmes qui deviennent sanglantes sont une exagération donnant un sens extrême à la douleur ressentie. *Pleurer des larmes de sang* ne correspond pas spontanément à une maladie connue ou identifiée comme telle. Il existe bien des situations, comme les traumatismes ou les troubles de la coagulation, qui peuvent occasionner le passage de sang dans les larmes, mais elles sont exceptionnelles. Pourtant, on peut lire régulièrement des témoignages d'écoulements spontanés de larmes de sang, souvent vécus comme des miracles à connotation religieuse. Ce sont des phénomènes proches et parfois associés aux cas des personnes présentant les « stigmates », c'est-à-dire les cicatrices miraculeuses, disposées sur le corps comme les blessures du Christ sur la croix. La plupart du temps, il s'agit de documents et de témoignages invérifiables regardés avec scepticisme par les scientifiques.

L'Église catholique est prudente dans ce domaine et refuse même de valider les apparitions de stigmates. Pourtant, de nombreuses personnes y croient et y voient l'œuvre de Dieu. Ce phénomène tend à s'amplifier avec le développement de l'Internet et des *fake news*.

Ces larmes témoignent moins d'une grande douleur, que du besoin d'attirer l'attention : ce sont en réalité des *larmes de crocodile*.

> **Sa fugue avec sa belle-sœur n'avait-elle pas contribué à le faire emprisonner [Sade], en suscitant la fureur de sa belle-mère, qui obtint la fatale lettre de cachet ? [...] Ne fut-il pas horrifié de voir de sa fenêtre (dans la prison où son opposition aux méthodes de la Terreur le mena) fonctionner la guillotine ? À la fin, n'a-t-il pas versé des « larmes de sang » sur la perte du manuscrit où il s'efforçait de révéler – *à d'autres hommes* – la vérité de l'insignifiance d'autrui ?**
>
> Georges Bataille, *L'Érotisme*, Éditions de Minuit, 1957

AVOIR VU LE LOUP

avoir de l'expérience en amour

Le loup, c'est la bête par excellence. Quand on évoquait « la bête », il s'agissait du loup. Le croiser au coin d'un bois provoquait la terreur ; on restait sans voix, muet de peur, ou d'avoir trop crié « Au loup », si bien que jusqu'au XVIe siècle, *avoir vu un loup* signifiait être enroué.

Curieusement, cet arrière-plan de mutisme se retrouve au XIXe siècle dans le milieu du théâtre. *Un loup* désigne alors un blanc entre deux répliques, un flottement, un moment d'hésitation. Pour y remédier, il fallait s'employer à *tuer le loup*. Théophile Gautier donne un sens légèrement différent à ce mot de l'argot des coulisses : « Un loup est le vide laissé entre la sortie d'un personnage et l'entrée d'un autre, qui ne doit point voir le premier. Cet intervalle, fût-il d'une seconde, constitue une faute de mise en scène, du moins au point de vue moderne ; car Molière, Racine et Corneille sont de vraies forêts des Ardennes pour la quantité de loups qu'ils renferment. » (*Histoire de l'art dramatique depuis vingt-cinq ans*, 1858-1859.)

Revenons quelques siècles en arrière avec la chasse au loup. Dangereuse, elle exigeait courage et expérience. Si bien que, par identification à la chasse au loup, l'expression a glissé vers une signification plus générale : être aguerri, expérimenté, voire être entreprenant, dans le sens d'avoir beaucoup voyagé. Tant et si bien que, dès le début du XVIIIe siècle, *avoir vu le loup* prend un tour érotique : avoir de l'expérience en matière amoureuse.

Dès le Moyen Âge, tout ce qui tournait autour du loup était marqué par l'excès. Ne dit-on pas toujours *avoir une faim de loup* ? *Être lovier d'une chose*, c'était la désirer ardemment. *Une loupeuse, loupine, louve* était une prostituée – et cela depuis la Rome antique. On raconte que Romulus et Remus furent nourris par une louve. Cette louve ne serait-elle pas plutôt une prostituée au cœur tendre qui aurait recueilli les jumeaux abandonnés par leur mère ? Le mot *lupanar*, bordel, est issu du latin *lupanaria*, de *lupa*, louve…

INTRODUIRE LE LOUP DANS LA BERGERIE

laisser entrer un élément dangereux dans un milieu sans défense

Aux XVIIe et XVIIIe siècles, *enfermer le loup dans la bergerie* « se dit quand on laisse refermer une plaie, sans l'avoir bien fait suppurer, pour empêcher qu'il ne s'y forme un sac qui obligerait à la rouvrir » (Philibert-Joseph Le Roux, *Dictionnaire comique*, 1752). L'expression était utilisée par les médecins pour désigner une négligence susceptible de produire une infection.

Elle est sortie du domaine médical pour s'étendre à toutes les situations, qu'elles soient érotiques ou criminelles, où on laisse quelqu'un sans défense dans un milieu inconnu. C'est *mettre quelqu'un dans la gueule du loup*.

Le loup représente le danger par excellence. *Tenir le loup par les oreilles*, au XVIIe siècle, c'est ne pas savoir quel parti prendre, parce qu'il y a du péril de tous les côtés.

« Un jour, Monsieur le curé m'arrive tout embarrassé et me dit : "Ma chère dame [il s'agit de Mme de Moisand], je crains fort que nous n'ayons introduit le loup dans la bergerie."

- Le loup, Monsieur le curé ?

- Dieu me garde des jugements téméraires, mais je crois pouvoir affirmer, sauf erreur, dont je serais heureux, que Monsieur le Marquis a des allures avec Madame la comtesse. » (Édouard Pailleron, *La Souris*, I, 8, 1888.)

Jacques Cellard, lui, prend moins de précautions que Monsieur le curé quand il évoque Agnès, la future épouse de Rétif de la Bretonne. « Il est probable qu'Agnès a été très maniée, comme on le disait alors. Mais d'avoir vu les pattes et la queue du loup est une chose ; une autre est de l'avoir fait entrer dans la bergerie [...]. » (*Un génie dévergondé. Nicolas-Edme Rétif dit « de la Bretonne », 1734-1806*, Plon, 2000.)

C'est en ce sens que Colette emploie l'expression. Après un baiser « un peu bonbon fondant » sur la nuque, « d'une candeur un peu grossière » : « Ce que j'ai fait s'appelle, je crois, aller *se mettre dans la gueule du loup*. Soit. J'y suis, j'y reste. On n'y est pas mal, et je m'y sens, pour l'instant, aussi tranquille que si j'étais déjà dévorée. » (*L'Entrave*, Librairie des lettres, 1913.)

Aller *se mettre dans la gueule du loup*, c'est se mettre, soi-même, en danger et, par conséquent, chercher l'aventure...

ÇA FAIT DES

LUSTRES

ça fait longtemps

Une tendance naturelle à l'exagération nous pousse à amplifier la durée des bons ou des mauvais moments que nous vivons. Ainsi, à un ami qui revient d'un long voyage, on dit encore que *ça fait des lustres* qu'on ne l'a pas vu. Pourquoi des lustres ? Pourquoi pas des luminaires, des candélabres ou des lampadaires ?

Si vous étiez scrupuleux en parole, vous ne devriez employer cette expression que si la durée avait atteint cinq ans exactement. Car le lustre dont il est question ici n'a aucun rapport avec l'appareil d'éclairage : il vient du nom d'un sacrifice expiatoire, en latin *lustrum*, cérémonie purificatrice que les Romains de l'Antiquité pratiquaient tous les cinq ans lors du recensement.

En passant de l'Antiquité à la période actuelle, le mot français a désigné une période de cinq ans. On lit dans le *Gil Blas* de

Lesage : « il avait deux enfants, un garçon qui achevait son cinquième lustre, et une fille qui commençait son troisième ». Autrement dit, un fils de vingt-cinq ans et une fille d'environ dix ou onze ans. Cet emploi ne survit que dans la langue littéraire, *lustre* n'évoquant plus dans le langage courant qu'une période longue et indéterminée, quand ce n'est pas l'appareil d'éclairage homonyme.

On peut s'émerveiller que la langue française ait su emprunter, depuis le Moyen Âge, un mot latin qui désignait une durée précise, pour créer une expression si vague. Mais si son origine est souvent méconnue, elle rivalise sans peine avec d'autres, plus claires : *des lustres*, ce sont *des siècles* ou même *une éternité*.

LE MOT DU PETIT ROBERT

LUSTRE

[lystʀ] nom masculin

ÉTYM. 1611 ; « sacrifice » 1213 ◆ latin *lustrum* « cérémonie purificatrice célébrée tous les cinq ans »

■ LITTÉR. Cinq années. « *Mes douze lustres* » (Rousseau).

□ PAR EXT. *Des lustres* : période de temps longue et indéterminée. *Je ne l'ai pas vu depuis des lustres. Ça fait des lustres.*

ÊTRE COMPLÈTEMENT MABOUL

être complètement fou

Maboul vient de l'arabe « *mahbūl* » qui signifie « idiot, qui perd la raison ». En France, il fait partie d'un ensemble de termes d'argot très varié comme *barjo*, *brindezingue*, *cinglé*, *louftingue* ou encore *siphonné*, qui désignent une personne atteinte de folie.

Pourtant, l'histoire de ce terme est assez originale, car elle a été étroitement liée, pendant de nombreuses années, à l'histoire des relations de la France et de l'Algérie. Ce terme apparaît dans les publications en français aux alentours des années 1860 alors que la France conquiert l'Algérie. Son emploi ira croissant jusqu'en 1939, puis diminuera ensuite, notamment durant la guerre d'Algérie. Finalement, il semble complètement disparaître en 1962, lors de l'indépendance de cette dernière.

Ceci n'est qu'une corrélation basée sur des documents numérisés qui ne rend pas compte de l'usage dans le langage parlé.

Toutefois, on ne peut s'empêcher de penser que les événements historiques ont eu une influence sur les raisons d'employer ou non cette expression…
À partir de 1978, le terme *maboul* réapparaît progressivement. Cependant, ce ne sont plus les relations franco-algériennes qui en sont la cause, mais le succès du jeu de société pour enfants « Docteur Maboul », qui fait remonter les statistiques. Ce jeu nous vient des États-Unis où il fut créé en 1970 par John Spinello. Initialement dénommé « *Operation* », le jeu est rebaptisé en France et commercialisé à partir de 1978. On ignore les raisons d'un tel choix de nom par les responsables de la filiale française de la multinationale états-unienne, mais il n'est pas très flatteur pour le corps médical.
Il est vrai qu'aux États-Unis, il existe bien une boisson nommée *Doctor Nut* (littéralement « Docteur Cinglé »).

> **“Comment ai-je jamais tenu un jour de plus ? Ou encore, Ai-je tué mon père ? et puis, Ai-je jamais tué personne ? Comme ça, au général du particulier en somme si l'on veut, question et réponse aussi en un sens, à devenir maboul.”**
>
> Samuel Beckett, *Têtes-mortes*, Éditions de Minuit, 1972

SE CASSER LA MARGOULETTE

tomber

Le terme *margoulette* est constitué de *goule*, forme ancienne de *gueule* et, probablement, d'un premier élément de *margouiller*, qui signifie « mâchonner ». L'usage populaire donne au mot le sens de « bouche », « mâchoire » et l'étend à la figure. Il est évident que si l'on tombe, on *se casse la figure*.

Dans le registre des chutes, un adulte jeune dynamique va *se casser la gueule*, alors qu'on imagine plutôt une personne frêle et d'un certain âge *se casser la margoulette*.

La chute des personnes de plus de 65 ans est devenue un véritable problème de société. Cette catégorie de la population est en forte croissance, ce qui entraîne une augmentation du nombre de ceux qui *se cassent la margoulette*.

En France, pour une population âgée de 9 millions d'individus, on estime le nombre de chutes annuelles à 2 700 000. Elles ont entraîné 450 000 blessures, 110 000 hospitalisations et plus de 5 000 décès. En matière de décès, le chiffre est plus important que celui des accidents de la circulation.
Les causes de ces chutes sont variées, mais la façon de se chausser joue un rôle déterminant. Les pantoufles, claquettes, mules et autres chaussons tiennent mal aux pieds, glissent facilement et n'assurent pas un bon équilibre.
Comme quoi, même en « pantouflant », on risque de *se casser la margoulette*.

> **Je gueule-t'y, moi qui peux même pas dormir, que j'ai dormi qu'une nuit depuis trois nuits, comme par hasard celle du jour que je me suis cassé la margoulette ? Même que c'est ben rien à y comprendre ?**
>
> René Fallet, *La Soupe aux choux*, Gallimard, 1983

ROULER DES

MÉCANIQUES

faire l'important, crâner

En argot, *rouler* signifie « trop en faire, exagérer ». Les *mécaniques* représentent quant à elles les épaules. *Rouler des mécaniques*, c'est prendre une attitude avantageuse, faire le fier-à-bras. L'expression date des années 1950, époque où la mécanique, particulièrement dans le domaine de l'automobile, était très valorisée.

Il est courant de faire l'analogie entre les articulations du corps humain et celle des machines. C'est justement à partir des années 1950 que se sont développées les techniques chirurgicales modernes, notamment celles des prothèses articulaires.

La prothèse totale de hanche (PTH) est emblématique de l'évolution dans ce domaine. Il a cependant fallu de nombreuses années de tâtonnements pour que des modèles

durables soient mis au point. La plus grande difficulté venait de l'usure des matériaux employés au début. Maintenant, la céramique, quasiment inusable, assure une longévité de plusieurs dizaines d'années aux prothèses de hanche.
La complexité du genou a rendu plus difficile la conception des prothèses totales pour cette articulation. Quant à l'épaule, ce sont les contraintes chirurgicales qui en ont retardé la réalisation. Actuellement en France, on réalise chaque année près de 150 000 prothèses de hanche, 75 000 de genou et 8 000 prothèses d'épaule.
Il est possible maintenant de rouler des épaules mécaniques.

Qu'est-ce qu'il y a ?
– Rien. Ça m'amuse de constater que
vous aviez trouvé un adversaire à votre taille.
– Eh non, malheureusement. Elle roulait des mécaniques
et prenait des poses de femme fatale alors que
c'était une grande tendre.

Anna Gavalda, *Je l'aimais*, J'ai Lu, 2004

LE MIROIR AUX ALOUETTES

ce qui trompe, ce qui fascine

La langue française est riche d'expressions usant de noms d'oiseaux. Si le sens de *gai comme un pinson* ou de *fier comme un paon* ne fait aucune difficulté, *le miroir aux alouettes* est moins évident. L'alouette serait-elle un oiseau épris de sa propre image et qui, tel Narcisse, voit son destin basculer en admirant son reflet ?

C'est dans le domaine de la chasse qu'il faut chercher l'explication. Si l'on ne veut pas attendre que les alouettes nous tombent toutes rôties dans le bec, il faut se lever au chant du coq pour aller chasser le volatile, et l'on peut alors utiliser un piège constitué d'une petite planche, souvent en forme de silhouette d'oiseau. Muni de petits miroirs et tournant sur un axe, l'engin scintille au soleil, attirant le pauvre oiseau vers un filet. Ce dispositif est appelé *miroir aux alouettes* (ou *d'alouette*), car il est formé de plusieurs petites surfaces réfléchissantes.

L'alouette, petit passereau au chant mélodieux, a connu autrefois divers dénigrements dans la langue populaire. Un *crâne d'alouette* désignait une petite cervelle, *manger comme une alouette* se disait avant qu'on ne préfère le moineau, le piaf. Dans les comptines, il est encore question de la plumer tout entière ou de la transformer en pâté avec cette recette qui dénonce les ruses agroalimentaires : pâté d'alouette à 50 % = un cheval, une alouette. Plus généralement, les petits volatiles sont souvent associés à la crédulité ou à la bêtise, comme dans *cervelle d'oiseau* ou *tête de linotte*, et l'alouette ne fut pas mieux lotie, malgré son chant.

Au sens figuré, la victime du miroir en question est donc l'individu qui se fait leurrer par de belles promesses. Il se transforme alors en un autre oiseau, le pigeon de l'affaire ou le dindon de la farce, qu'il ne reste plus qu'à plumer : « alouette, gentille alouette, alouette, je te plumerai ! »

> **Je suis pour le progrès, [...] mais pas pour un progrès en matière plastique... Pas pour le miroir aux alouettes.**
>
> Elsa Triolet, *Roses à crédit*, 1959

PRENDRE LA MOUCHE

se fâcher brusquement pour un rien, s'emporter

Quand nous disons à une personne énervée comme un boisseau de puces : « Mais quelle mouche t'a piqué(e) ? », de quelle mouche parle-t-on ? Bien sûr, nous pensons aux insectes, particulièrement virulents, qui s'en prennent surtout aux animaux.

Il y a aussi les mouches, en tant qu'objets de séduction ; au XVIIe siècle, elles pouvaient être disposées sur tous les endroits du corps féminin. Au XVIIIe, les coquettes posaient *la passionnée* près de l'œil, *l'assassine* au coin de la bouche, *la coquette* sur les lèvres, *l'effrontée* sur le nez, *la majestueuse* au milieu du front, *la galante* sur la joue, *l'enjouée* sur le pli de la joue, *la coquine* sur les endroits secrets, *la voleuse* servant à dissimuler une légère imperfection. La mouche, petit morceau de taffetas noir, n'était pas plus grande qu'une aile de mouche. Celle portée par les hommes était plus conséquente ; en velours noir, elle était placée sur la tempe. Il s'agit de piquer au vif son « adversaire », de le (la) séduire en l'aiguillonnant. Sens propre et sens dérivé sont entremêlés.

Il est une autre mouche, plus virulente encore, voire mortelle. C'est la mouche cantharide, très prisée du XVIIIe à la fin du XIXe siècle. Récoltée en Espagne, séchée et pilée, elle était mêlée à du sucre, à du chocolat ou diluée dans une boisson et prise comme aphrodisiaque. Une « affaire » célèbre serait due aux effets de cette mouche : le 16 février 1899, le président Félix Faure aurait demandé à l'huissier de l'Élysée de lui apporter un deuxième verre de « quinquina cantharidé », avant de recevoir sa maîtresse, Marguerite Steinheil. On trouva Félix Faure à demi vêtu, mort. Par épectase (décès pendant l'orgasme) ou par les effets nocifs d'un stimulant - le quinquina, à base de coca du Pérou - joint à un aphrodisiaque.

Au XIXe siècle, *la mouche* désigne un espion, *un mouchard*. Parce qu'il passe son temps l'œil rivé au trou des serrures et qu'il regarde par *les pertuis*. L'acception érotique de la mouche ne cesse de nous montrer le bout de son nez…

NE PAS SE MOUCHER DU PIED

se prendre pour quelqu'un d'important

Cette expression a varié au fil des temps. *Moucher* signifiait autrefois « tromper ». *Ne pas se laisser moucher* était une preuve d'habileté. Par ailleurs, se moucher dans sa manche, voire son coude, n'était pas très distingué. *Ne pas se moucher du pied* a progressivement pris le sens d'une supériorité illusoire.

Pourtant, savoir se servir de ses pieds pour pallier une absence de bras n'est pas le signe d'une soi-disant supériorité, mais la preuve d'un grand courage et de beaucoup de persévérance. C'est le cas des personnes privées de l'usage de leurs mains, souvent depuis leur naissance, à cause d'une malformation, d'une maladie ou d'un accident. À défaut de mains, il est possible d'utiliser les pieds ou la bouche pour

réaliser certaines actions, mais cela nécessite un apprentissage laborieux.
Déjà pour les actes simples de la vie quotidienne, ce n'est pas facile, mais les Artistes Peignant de la Bouche et du Pied sont allés encore plus loin. Ils ont appris à manier le crayon ou le pinceau de façon à exécuter des œuvres dignes des artistes qui peignent avec les mains.
C'est une façon de faire un bras d'honneur à l'adversité.

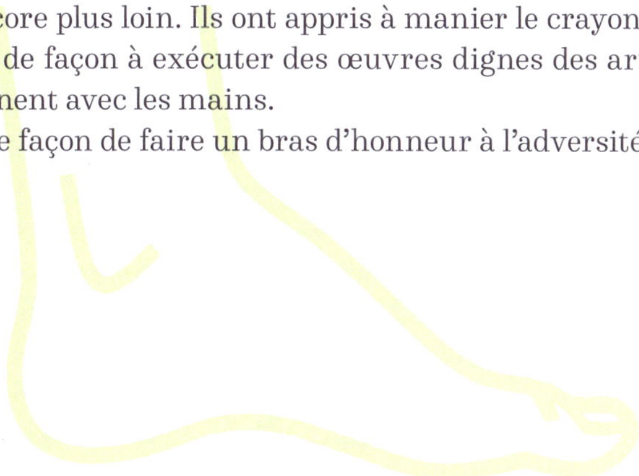

Nous gravîmes l'escalier raide, court et dallé de marbre qui nous émerveilla, et nous pensâmes qu'ils [les Slache] ne se mouchaient pas du pied.

Henri Calet, *La Belle Lurette*, Gallimard, 1935

UN MOULE À GAUFRE

un visage grêlé par la variole

Cette injure est aussi célèbre que son auteur fictif : le capitaine Haddock, personnage créé par Hergé, le « père » de Tintin. Pourtant, Hergé n'a pas inventé de toutes pièces cette fameuse insulte. À l'époque où la variole faisait des ravages, les malades qui en réchappaient avaient le corps couvert de cicatrices. Leur visage était particulièrement marqué, avec des creux évoquant ceux d'un moule à gaufre. En 1893, les *Archives wallones de jadis, de naguère et d'à présent* attestent cet emploi : « [...] et l'on dit volontiers d'un grêlé qu'il a passé par le moule à gaufre ». Il est possible que cette expression ait été plus répandue en Wallonie du fait de l'importance des gaufres dans cette région depuis le XVIIe siècle. On ne chipotera pas sur la différence entre le moule à gaufre de Liège, petit et arrondi, à 24 trous, et celui de Bruxelles, plus grand et rectangulaire, avec 20 trous...

Depuis 1977, grâce à la vaccination, la variole a disparu, mais de nombreux documents photographiques et moulages à partir de masques mortuaires permettent de se rendre compte de l'importance des cicatrices, même si elles sont nettement plus petites que les creux d'un gaufrier. L'adjectif *grêlé* signifie étymologiquement « dévasté par la grêle », mais pendant longtemps un *visage grêlé* désignait un visage marqué par la variole. Maintenant, cet adjectif est encore employé, mais plutôt pour qualifier une figure couverte de cicatrices, notamment celles laissées par des formes graves d'acné.
Heureusement, aujourd'hui, les injures faisant référence à une maladie ou une difformité physique semblent moins employées. Quant à l'expression *moule à gaufre*, si elle continue d'être proférée, ce n'est plus en rapport avec une maladie, mais par connivence entre tintinophiles.
Car tout de même, pour se moquer d'un malade de la variole, il faut être un sacré *bachi-bouzouk*.

Pirate !... Doryphore !... Moule à gaufre !... Attends que je te déplume, espèce de chouette mal empaillée !

Hergé, *Les Aventures de Tintin, tome 14 : Le Temple du Soleil*, Casterman, 1993

FERRER LA MULE

faire des petits profits

L'origine de l'expression est la suivante : les valets avaient coutume d'appeler *ferrements de mule* les petits larcins qu'ils commettaient sur le prix des denrées achetées au marché pour leurs maîtres. Elle daterait de l'époque où les conseillers au Parlement se rendaient au Palais montés sur une mule. Les laquais, restés dehors pendant les séances, passaient leur temps à jouer et abusaient de la confiance de leurs maîtres en disant qu'ils voulaient être remboursés du ferrement de leur mule. Au XVIIe siècle, *garder le mulet* signifiait attendre longtemps une personne qui est occupée à quelque affaire ou à quelque divertissement. En somme, on *faisait danser l'anse du panier*, expression utilisée par les servantes qui convoitaient la clé de la cave de la maison où elles travaillaient en vue de voler beurre, sel, sucre, morceaux de lard et bouts de chandelles.

Un autre procédé avait été mis en place. Les écrivains publics du charnier des Innocents - les ossements sont à Paris dans les catacombes, place Denfert-Rochereau -, moyennant salaire, rendaient aux cuisinières des maisons parmi les plus riches le service d'arranger leurs comptes, de faire, par exemple, d'un zéro un huit.
Mais l'imagination populaire a doublé cette pratique d'un légendaire : la nuit, on croyait entendre le pas lourd de la mule qui emportait le diable au sabbat ; on voyait, dans les ténèbres, les étincelles que produisaient ses sabots ferrés. L'argent que les servantes volaient à leurs maîtres était censé servir à ferrer la mule du diable.

> **Il était aussi maître d'hôtel et faisait la dépense, c'est-à-dire ferrait peut-être la mule.**
>
> Paul Scarron, *Le Roman comique*, 1657

AVOIR DU SANG DE NAVET

être sans vigueur, être lâche

Le *navet* exprime depuis très longtemps une valeur nulle ou minime. Cette idée se retrouve dans des locutions péjoratives comme *pet de navet*, aujourd'hui oubliée. Au XIXe siècle, un *navet* est un très mauvais tableau et, maintenant, un mauvais film. Dans la même veine, un *sang de navet* est anémique, sans énergie. Mais *avoir du sang de navet* met davantage en cause la vigueur morale et le courage que la force physique.

Depuis le scandale du sang contaminé des années 1980-1990, le recours aux transfusions est devenu beaucoup plus sélectif. Les spécialistes de la réanimation ont mis au point des systèmes de remplacement.

Un des risques d'une hémorragie est le collapsus vasculaire. Cela veut dire que la quantité de sang est inférieure au volume « à remplir ». La pression artérielle descend alors au-dessous des deux tiers de sa valeur normale. La solution rapide consiste à injecter par perfusion de grandes quantités de « liquide de remplissage ». Ce produit de couleur blanchâtre est fabriqué à base d'amidon de maïs. Si ce n'est pas du *sang de navet*, ça y ressemble beaucoup. Son efficacité dure quelques heures, le temps d'arrêter l'hémorragie ou d'utiliser des produits plus spécialisés.

Comme dans toute situation d'urgence, l'important est de *garder son sang-froid*.

> **En général j'ai droit à la réflexion, cette fois ça n'a pas loupé :**
> **- Qu'est-ce qu'il est blanc et maigre ! Je sens qu'ils vont parler de sang de navet, ils doivent croire qu'il y a du sang dans les navets, à force de voir que des patates ils connaissent plus les autres légumes.**
>
> Patrick Cauvin, *Povchéri*, Albin Michel, 1987

AVOIR LE NEZ QUI REMUE

mentir

De tout temps, on a essayé de déterminer des signes permettant de savoir si une personne ment ou dit la vérité. Dès le Moyen Âge, par exemple, des techniques furent inventées. On faisait ainsi avaler de la farine aux condamnés : si leur bouche s'asséchait, ils mentaient.

Les recherches et l'avènement des méthodes scientifiques ont permis aux États-Unis, au lendemain de la Seconde Guerre mondiale, la mise au point d'un détecteur de mensonge qui n'est rien d'autre qu'un appareil mesurant, en simultané, différents paramètres de l'émotivité des personnes.

Les chercheurs pensent que mesurer les émotions d'une personne permet de prouver si celle-ci ment ou non. Cette intuition part du postulat de base qu'un menteur devrait logiquement avoir mauvaise conscience lorsqu'il ment, d'où un changement perceptible dans ses émotions. Plus inquiet qu'une personne sincère, le sujet testé est censé perdre son sang-froid quand il ment. Cette vision simpliste a été démentie par les psychiatres, démontrant que les grands paranoïaques peuvent faire preuve d'un sang-froid à toute épreuve, alors que bien des gens sincères peuvent être très tendus ou angoissés en disant la vérité.

Pourtant, si l'on en reste à l'idée qu'un menteur présente une attitude particulière, les spécialistes du comportement ont remarqué que lors d'un mensonge on a tendance à se toucher le nez de façon répétée. Les physiologistes ont alors émis l'hypothèse que la nervosité pouvait entraîner une sécrétion d'adrénaline elle-même entraînant des démangeaisons à l'intérieur du nez. Cela pourrait donc aussi expliquer que la personne, instinctivement, remue son nez, afin de faire cesser les démangeaisons.

On peut aussi parler d'un autre mouvement attribué au nez, celui de s'allonger. Là aussi, le rapport au mensonge est net. *Avoir le nez qui s'allonge* est une référence directe à Pinocchio. Le fameux personnage du conte imaginé en 1881 par Carlo Collodi a passionné les psychanalystes, très intéressés par le symbole de cet organe qui s'agrandit, tel un sexe masculin, proportionnellement à l'importance d'un mensonge. Plus prosaïquement, il faut remarquer qu'il est plus facile de dessiner un nez qui s'allonge plutôt qu'un nez qui remue…

Mais l'expression n'est pas à confondre avec *faire un long nez*, qui renvoie à la notion de déception plutôt qu'à celle de mensonge.

Pour savoir si on vous ment, rien de tel que le *pifomètre*.

AVOIR UNE NOISETTE DANS LE CRÂNE

être Idiot

Au sens figuré, *avoir une noisette dans le crâne*, c'est être un imbécile. La petitesse de la noisette donne l'image d'une cervelle minuscule. Comme exemple de petitesse, le petit pois et le pois chiche font concurrence à la noisette dans ce type d'expression. La noisette est plus ancienne, mais moins utilisée que le pois chiche. Comme pour d'autres expressions, *avoir une noisette dans le crâne* reprend parfois de la vigueur au gré des bons mots d'hommes politiques.

À la fin du XVIIIe siècle, des médecins aliénistes (c'était le nom donné aux psychiatres de cette époque), comme Jean-Baptiste-Maximien Parchappe de Vinay, ont pesé des quantités de cerveaux. Ils recherchaient une relation entre la taille de ces organes et l'intelligence constatée chez leurs propriétaires, de leur vivant. Le délai entre l'évaluation de l'intelligence et le moment de l'autopsie était parfois fort long. De surcroît, Parchappe de Vinay disposait de beaucoup plus de cerveaux de malades que de personnes saines d'esprit.

Il était convaincu que l'intelligence était proportionnelle au volume des cerveaux. Il fut donc bien contrarié par les résultats qu'il trouva. Dans un premier temps, il fut satisfait de constater le volume plus réduit du cerveau des femmes. Cela confirma, à ses yeux, leur infériorité intellectuelle. Dans un second temps, il fut forcé d'admettre que le volume des cerveaux des personnes débiles était plus gros que celui des hommes les plus intelligents.

Il essaya d'expliquer que l'âge plus avancé des sujets débiles avait faussé les résultats, mais c'était une interprétation un peu *tirée par les cheveux.*

NE PAS ÊTRE EN ODEUR DE SAINTETÉ

être mal vu

Quand une personne n'est pas *en odeur de sainteté* auprès de quelqu'un, c'est qu'elle en est mal vue. *On ne peut pas la sentir* ou encore *on l'a dans le nez*. Belle cohérence des expressions françaises - en apparence. Car si l'on se penche sur cette formule, on lui découvre une origine pieuse assez surprenante.

L'expression s'emploie à la forme négative, mais pourrait-on dire, à l'inverse, *être en odeur de sainteté ?* Ce qui laisserait entendre que la sainteté et donc les saints et les saintes échappent au sort commun en matière olfactive, surtout lorsqu'ils rendent leur âme à Dieu. Et c'est bien de cela qu'il s'agit : des récits relatent que des cadavres saints auraient exhalé une odeur suave. Cette odeur exquise était interprétée comme un signe certain de leur sanctification.

Ces petits miracles sont devenus proverbiaux : on disait d'une personne considérée, pour des raisons canoniques ou par le regard populaire, comme sainte, qu'elle avait vécu et était morte *en odeur de sainteté*, « en état de perfection spirituelle ». Il a été facile de passer de « être considéré comme un saint » à « être bien vu, apprécié ». Au XVIIe siècle, *être en odeur*, bonne ou mauvaise, signifiait « avoir telle réputation », et Furetière donne cet exemple imagé : « Une banqueroute met un marchand en mauvaise odeur sur la place. »

Ne pas être en odeur de sainteté est donc une litote qui laisse à chacun le soin de juger à quel point la personne en question est mal perçue. Implicitement, cela revient à comparer la cible de la critique avec un cadavre. En connaissant le sous-entendu de l'expression, vous voilà au parfum !

> **Huit ou dix séminaristes vivaient en odeur de sainteté et avaient des visions comme sainte Thérèse et saint François, lorsqu'il reçut les stigmates sur le mont Verna dans l'Apennin.**
>
> Stendhal, *Le Rouge et le Noir*, 1830

CREVER LA PAILLASSE À QUELQU'UN

le tuer en l'éventrant

En argot, *crever la paillasse* figure le ventre percé laissant s'échapper « tripes et boyaux » comme une paillasse crevée qui laisse échapper la paille. C'est une menace forte, surtout utilisée par des individus douteux.

Pourtant, c'est bien l'idée de faire un trou dans la « paillasse » qui est à la base de l'invention de la cœlioscopie aux alentours des années 1940. Elle consiste à « gonfler » le ventre en utilisant du gaz carbonique injecté au moyen d'une aiguille. Ensuite, on perce la paroi pour faire passer un tube optique muni d'un système d'éclairage et d'une caméra vidéo. À partir des années 1970, les progrès techniques ont permis des interventions de plus en plus importantes sur cette partie du corps.

Aujourd'hui, la chirurgie endoscopique, souvent assistée par des robots, est devenue une pratique courante qui permet de réduire considérablement les durées d'hospitalisation. Miracle de la technique : maintenant, on peut vous sauver la vie en vous *crevant la paillasse.*

> **Je vais te crever la paillasse, sale truie ! T'es qu'un flic, Ossi, t'es qu'un flic, un petit flic briseur de rêves et je vais te descendre !**
>
> Christian Laborde, *L'Os de Dionysos*, 1987

AVOIR AVALÉ SON PARAPLUIE

avoir une allure raide et compassée

L'image semble évidente : s'il était possible d'avaler un parapluie, on se tiendrait incroyablement droit et guindé. Au sens figuré, on se représente bien une personne rigide, manquant de rondeur. Le terme *parapluie* permet une certaine distinction que l'on n'aurait pas avec les synonymes de *pébroc*, de *riflard* ou de *pépin*.

Au sens propre, « avaler » un tel objet semble complètement irréaliste. Pourtant, les avaleurs de sabre existent bien, même si de nos jours cette sorte de spectacle attire moins les foules. Il est possible pour des acrobates entraînés de réaliser ce genre d'exploit. L'opération consiste, en mettant la tête penchée au maximum en arrière, à avaler une tige métallique et à la faire descendre par l'œsophage, jusque dans l'estomac. Cette tige a l'apparence d'un sabre, mais elle n'est pas tranchante et le bout est arrondi. Les spectateurs n'y voient que du feu. La tige peut

descendre de 50 cm, ce qui fait une bonne longueur de lame.
Cette technique a inspiré les médecins qui ont mis au point l'*endoscope rigide* en 1852. Jusque dans les années 1970, il a été le seul moyen dont on disposait pour examiner l'intérieur de l'estomac. L'endoscope de cette époque était constitué d'un tube en laiton muni d'un système optique. Son emploi était risqué, car cet exercice d'avaleur de sabre n'était pas à la portée de la majorité des patients. Il représentait un ultime recours dans des cas exceptionnels.
La mise au point, dans les années 1960, de l'endoscope souple constitué de fibres optiques a représenté une véritable révolution.
Maintenant, l'endoscopie se décline en fibroscopie, coloscopie, arthroscopie, etc. Elle a permis le développement des interventions de chirurgie rapides, effectuées dans la journée, dites de « chirurgie ambulatoire ».
Grâce à ces nouvelles techniques, il y a *moins de pépins*.

> **Je croyais donc que cette journée à Chatou allait être une corvée pas possible et bingo : Colombe et maman qui s'extasient sur la baignoire, papa qui a l'air d'avoir avalé son parapluie, des vieux grabataires desséchés qu'on balade dans les couloirs [...]**
>
> Muriel Barbery, *L'Élégance du hérisson,* Gallimard, 2006

ENVOYER QUELQU'UN AUX PELOTES

envoyer promener quelqu'un

Lorsque quelqu'un agace au point de *mettre les nerfs en pelote*, on peut avoir envie de *l'envoyer aux pelotes*. En d'autres termes, au diable, ou bien d'aller se faire voir chez les Grecs - ce que font d'ailleurs des millions de touristes avec bonheur. Mais on ne parle pas d'aller chez les Basques, qui aiment bien jouer à la *pelote*.

Cette pelote est sphérique. Le mot a d'ailleurs pour origine le latin *pila* « balle ». En français, le sens de « boule avec laquelle on joue », notamment à la paume, a été évincé par les mots *balle* et *ballon*, sauf dans *pelote basque*. La laine, qui se présentait naguère en écheveaux, est aujourd'hui proposée en pelotes, et *avoir les nerfs en pelote* est bien proche de *se mettre en boule*.

Quand on envoie quelqu'un *aux pelotes* cependant, ce n'est pas pour jouer à la balle, ni pour tricoter. Souvenons-nous que *peloton*, qui désigne une petite pelote de fil, un amas en forme de boule se dit au figuré d'un groupe de personnes. Ce sens a prospéré en sport, à propos des chevaux de courses et des cyclistes, alors que dans l'armée, le peloton est un groupe de soldats.

Et comme l'armée ne badine pas, les soldats indisciplinés étaient envoyés au *peloton de discipline*, bientôt abrégé en *pelote*. En argot militaire, *faire la pelote* et *aller à la pelote* signifiaient « purger sa punition ». De là vient l'expression *envoyer aux pelotes*. Cela n'a rien à voir avec les pelotes de laine, les punitions consistant plus souvent à éplucher les pommes de terre ou à faire des pompes que du tricot.

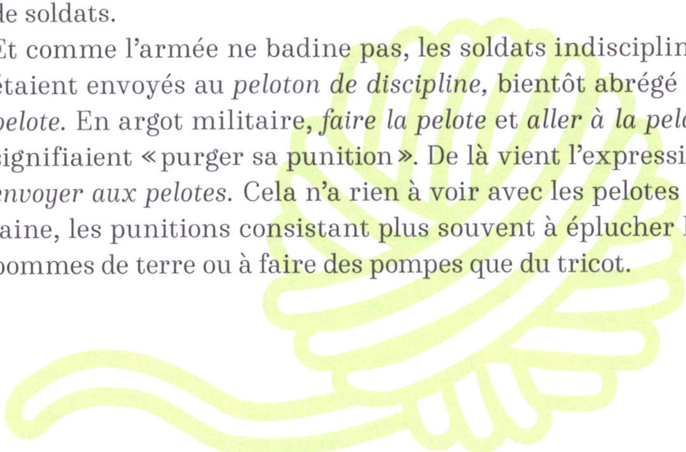

Mais dès que je parle d'investir dans du neuf, là-haut on m'envoie aux pelotes !

Gérard Mordillat, *Les Vivants et les Morts*, 2005

LA POUDRE DE PERLIMPINPIN

remède prétendument miraculeux mais inefficace en réalité

Perlimpinpin est probablement une parodie de formule magique, au même titre qu'*abracadabra*. La « poudre de perlimpinpin », aux propriétés imaginaires, était vendue par des charlatans comme remède universel. Cette poudre s'applique à bien des situations, même en dehors du domaine de la santé. Comme la « poudre aux yeux », elle est le symbole des fausses solutions.
« Donc ce que vous proposez, comme d'habitude, c'est de la poudre de perlimpinpin ». Il a suffi de cette simple phrase d'Emmanuel Macron lancée à Marine Le Pen lors du débat de l'entre-deux-tours des élections présidentielles de 2017, pour remettre à la mode cette expression.
En pharmacologie, on pourrait penser que le placébo est de la poudre de perlimpinpin. En réalité, comme l'indique Le Grand

Robert, un placébo est une « substance neutre qu'on substitue à une substance thérapeutique, pour étudier les effets psychologiques qui accompagnent la médication ». La prise en compte de l'effet placébo est indispensable pour valider les nouveaux médicaments, mais seulement s'il n'y a pas déjà de traitement de référence. Il est logique de penser que pour ne pas être considéré comme de la « poudre de perlimpinpin », un médicament doit faire preuve d'une efficacité suffisante. Pourtant, il existe un grand nombre de médicaments agréés par le ministère de la Santé et remboursés par l'Assurance maladie dont l'efficacité ne dépasse pas celle d'un placébo. S'ils ont une efficacité, cela veut dire que la guérison intervient naturellement, grâce aux bonnes dispositions du patient. S'ils ne donnent aucun résultat, ils risquent de retarder des examens ou la mise en œuvre d'un traitement efficace.
N'est-ce pas abracadabrantesque ?

Rentre chez toi, marchand de sable aux mains vides, enchanteur sans perlimpinpin.

Yann Queffélec, *Le Maître des chimères*, 1990

SE COGNER LE PETIT JUIF

se cogner le nerf du coude

Si vous vous cognez le coude dans une certaine position, vous risquez de vous coincer le nerf ulnaire et de ressentir des fourmillements telle une légère décharge électrique. Pour les médecins, ce sont des « paresthésies » (fourmillements, picotements, brûlures) ou des « algoparesthésies » (ces mêmes ressentis, mais avec des douleurs).
La confusion entre *os* et *nerf* est due à la méconnaissance du trajet des nerfs et à ce que la première impression est de s'être cogné l'os du coude. D'ailleurs, la structure de cette région du corps est compliquée, d'autant plus qu'en anatomie, depuis 1998, le nom de l'os qui forme le coude n'est plus le *cubitus* mais l'*ulna*. D'où le changement de nom du nerf, qui de *cubital* est devenu *ulnaire*.

L'origine de l'expression *se cogner le petit juif* est obscure, mais elle est apparue dans un contexte d'antisémitisme banalisé. La chaîne Arte, sensible aux différences culturelles entre la France et l'Allemagne, a consacré un moment de l'émission « Karambolage » en 2015 à cette étrange expression. La journaliste allemande Nikola Obermann, qui vit en France depuis longtemps, considère que *se cogner le petit juif* a tout de même un côté tendancieux. Elle nous suggère d'emprunter aux Allemands l'expression *os musical* ou alors *os rigolo*, comme les Anglais.
La suggestion de Nikola Obermann est intéressante, bien que l'on ne sache pas bien si la désignation *os musical* a un rapport avec la vibration que l'on ressent ou bien le cri que l'on pousse… Quant aux Anglais, s'ils trouvent cela rigolo, c'est peut-être à cause des picotements, qui peuvent être comparés à des chatouilles. Du reste, en Allemagne, on emploie aussi l'expression *l'os qui fourmille* et en Hollande *l'os électrique* ou encore *l'os du téléphone.*
Quoi qu'il en soit, c'est une chose de proposer une nouvelle expression, mais pour qu'elle devienne populaire… C'est *une autre paire de manches.*

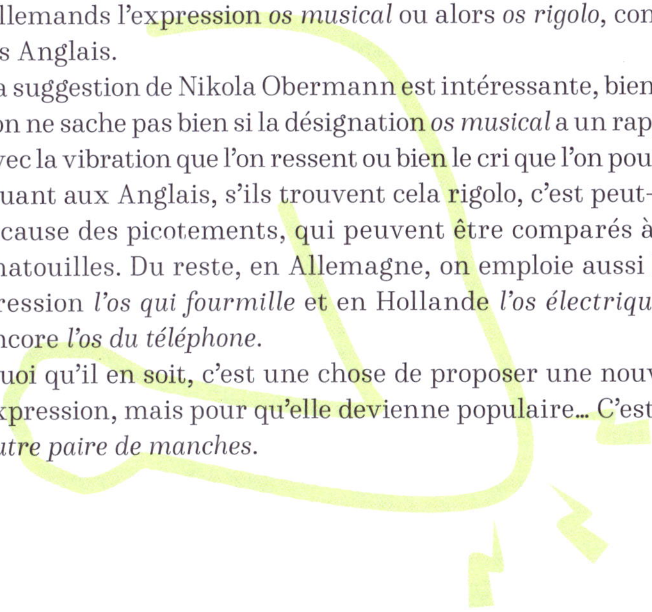

S'EN ALLER LES PIEDS DEVANT

être mort

Opposer le vivant qui marche sur ses deux pieds et le mort que l'on déplace dans un cercueil les pieds devant est un principe très ancien. Pline l'Ancien, justement, écrivait il y a près de deux mille ans : « L'ordre naturel est que l'homme vienne au monde la tête en avant et en sorte les pieds les premiers ». Le *départ* est de plus une métaphore de longue date pour signifier la mort, comme nous le montrent les locutions telles que *elle nous a quittés*, *il est parti* ou encore *c'est la fin, je m'en vais*.

Ce rituel semble très répandu et respecté dans de nombreux pays et de nombreuses religions. En France, les pompes funèbres le pratiquent sans qu'il y ait de réglementation formelle. À l'inverse, en ce qui concerne les malades, il est d'usage de les brancarder la tête en avant dans les hôpitaux.

En France, bien qu'il ne s'agisse pas d'une réglementation contraignante, voici les conseils aux brancardiers : « [...] le chef d'équipe, placé à l'arrière, peut ainsi surveiller à la fois ses équipiers et le visage du patient, ce qui lui permet de déceler une aggravation de son état. Cela permet également au patient de voir un visage plutôt qu'un couloir ou l'environnement de l'accident. Par ailleurs, d'un point de vue symbolique, le brancardage les pieds devant évoque le transport des morts. Toutefois, pour des raisons pratiques, on peut avoir à transporter les pieds en avant (notamment s'il faut assurer une ventilation artificielle). »
En Belgique, cependant, les préconisations sont inverses : « [...] on brancarde toujours les pieds en avant. Le mouvement en sens inverse peut créer un malaise chez le patient, de plus, les équipiers les plus à même de trébucher sur le terrain sont ceux de l'avant, ce qui risquerait de faire tomber la victime tête la première. Quant à la surveillance du patient de par sa position, l'équipier arrière à une très bonne vue en restant dans le sens de la marche, contrairement à l'équipier avant qui doit quasiment regarder par-dessus son épaule. Exception à cette règle : entrée dans un local, le passage de porte se fait alors tête en avant. »
Dans les deux cas, l'aspect symbolique du transport « les pieds en avant » sous-tend les argumentations, de façon explicite en France et sous la forme d'une exception à la règle, en Belgique. Quoi qu'il en soit, si l'on est hospitalisé, il importe d'être vite *remis sur pied*.

AVOIR LES

PIEDS

PLATS

être rustre

Au XVIIe siècle, un *pied plat* était un paysan qui n'avait pas de chaussures à talons, à l'inverse des bourgeois. Employée comme injure, cette expression désigne une personne grossière ou servile, qui manque de savoir-vivre.
Pour un médecin, un *pied plat* est une déformation qui gêne considérablement la marche et peut même constituer une infirmité. Autrefois, c'était un cas de réforme du service militaire.
Comme cette anomalie n'est visible que par un œil averti, il était habituel de tourner en dérision les jeunes réformés pour *pied plat*. Cette moquerie s'est ensuite appliquée à tous ceux qui cherchaient un prétexte pour ne pas travailler. Le service militaire ayant disparu depuis 1997, la notion de réforme pour

pieds plats n'est plus d'actualité. L'expression *bras cassés*, qui a le même sens, la remplace progressivement.

Le « vrai » pied plat est une déformation qui concerne le milieu du pied. Cette partie nommée *voûte plantaire* s'affaisse et la totalité de la plante du pied est en contact avec le sol. La déformation a été classée en trois degrés selon l'importance de cet affaissement. Les deuxième et troisième degrés constituent une véritable infirmité.

Difficile, avec ça, de *travailler d'arrache-pied*.

> **“La guerre a interrompu le voyage de noces qui n'en était qu'à son huitième jour. Le couple est rentré à Paris, non que Raoul soit visé par la mobilisation, car il porte des pieds plats, mais surtout parce qu'il n'est pas moral de se livrer aux délices de l'amour, pendant qu'une grande nation fait honneur à ses engagements.”**
>
> Roger Nimier, *Les Enfants tristes*, Gallimard, 1951

CLOUER AU PILORI

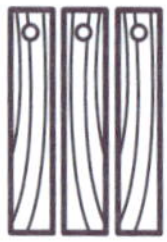

signaler à l'indignation, au mépris publics

Cette expression un peu vieillie connaît encore une certaine fortune. Le verbe *clouer* suppose une forme de violence, des coups, une immobilisation forcée. Tel le Christ en croix, celui qui est cloué au pilori est livré sans défense à la foule qui le conspue. Mais comme, heureusement, le pilori a rejoint la roue et la guillotine dans le musée des horreurs du droit pénal, on ignore sur quoi on est cloué.

Le pilori fut un dispositif de bois destiné à immobiliser le condamné en lui enserrant la tête et les poignets. Ce supplice consistait à attacher, pour quelques heures et parfois plusieurs jours de suite, le malheureux, ainsi exposé au mépris et à la vindicte de la foule, qu'on exhortait à n'épargner ni injures ni crachats. C'était tout simplement un pilier, *pila* en latin, d'où au Moyen Âge *pilorium*.

Le pilori faisait partie des peines dites « afflictives et infamantes » telles que la mutilation ou la flétrissure, des noms qui désignent une action. D'autres noms vont de l'instrument au supplice, comme *gibet* ou *carcan*. Situé sur l'échelle des châtiments de justice entre les peines légères et les peines capitales, ce type de peine « prive le coupable de la considération, de la confiance de sa patrie et de cette sorte de fraternité dont la société est le lien » écrit le juriste italien Cesare Beccaria dans son traité *Des délits et des peines* où il critiquait la torture. La punition était physique, par l'inconfort et la douleur de la posture, mais aussi symbolique, par l'humiliation causée par l'exposition à la haine du public.

Avant d'être abolie à la Révolution, la peine du pilori a connu des raffinements permettant de tourner le supplicié pour l'offrir plus largement aux huées et aux quolibets de la populace… C'est à cet appareil qu'est *pilorié* en place de Grève le pauvre Quasimodo, dans *Notre-Dame de Paris* de Victor Hugo.

LE MOT DU PETIT ROBERT

PILORI

[pilɔʀi] nom masculin

ÉTYM. *pellori* 1165 ◆ latin médiéval *pilorium*, probablement de *pila* « pilier »

■ ANCIENNEMENT Poteau ou pilier à plateforme portant une roue sur laquelle on attachait le condamné à l'exposition publique. […]

PORTER QUELQU'UN AU PINACLE

couvrir quelqu'un de louanges

L'être humain est capricieux et son jugement peut changer en un instant. Ainsi, par exemple en politique, on peut soudainement être *voué aux gémonies* ou *cloué au pilori** après avoir été *porté au pinacle*, c'est-à-dire célébré, honoré, glorifié.
Pinacle vient du latin chrétien *pinnaculum*, de même origine que *pignon*. Le pinacle, c'est l'élément d'architecture situé au faîte d'un ouvrage, la partie la plus élevée d'un édifice. Ce fut en particulier le point le plus haut du Temple de Jérusalem. Dans un édifice gothique, c'est le couronnement de contreforts pointu et souvent ouvragé. La hauteur a toujours symbolisé les honneurs : *être porté aux nues*, c'est aussi être admiré. Et ne dit-on pas de quelqu'un à l'apogée de sa carrière ou de son succès qu'il est au *faîte* de sa gloire ?

Un sens plus ancien a probablement influencé l'expression, lorsque *pinacle* désignait aussi le sommet d'une montagne. Or, les cimes sont certainement les hauteurs les plus à même de représenter la gloire, notamment par référence aux récits bibliques. Ainsi, Moïse reçoit les commandements en haut du mont Sinaï et, après le Déluge, Noé et son arche échouent sur le sommet du mont Ararat. Ce sont des lieux où Dieu se manifeste aux prophètes. Les sommets rapprochent des cieux et du divin.
Au figuré, on a d'abord dit que l'on *mettait quelqu'un sur le pinacle*. Dans *La Cousine Bette*, Balzac raille l'ambitieux en ces termes : « Oh ! il se croit sur le pinacle, il a de l'orgueil, le jeune homme ». Puis on va le *porter au pinacle*, formule restée usuelle même si l'on n'en connaît plus l'origine. D'ailleurs, qui tutoie les sommets court le risque de tomber de haut.

LE MOT DU PETIT ROBERT

PINACLE

[pinakl] nom masculin
ÉTYM. 1261 ◆ latin ecclésiastique *pinnaculum*, de *pinna* → 1. pignon
1. Faîte d'un édifice (spécialement du Temple de Jérusalem).
◆ Dans l'architecture gothique, Petite pyramide ajourée ornée de fleurons servant de couronnement à un contrefort. [...]

CASSER SA PIPE

mourir

Le terme de *pipe* a subi de nombreux changements de sens. S'il a d'abord désigné, par l'influence du latin *pipa*, un « tuyau » ou un « tonneau », il a ensuite, par analogie de forme, pris le sens de « chalumeau avec lequel on boit », « goulot ». C'est cette désignation qui nous intéresse, car par métaphore, *pipe* signifie dans cette expression « la bouche, le gosier » (qui se disent « goulot », dans le langage populaire). Si au XVIIe siècle, *casser sa pipe* signifiait « crever de rage », le sens de « mourir » s'est imposé par la suite. Par ailleurs, un *casse-pipe* est un tir forain où l'on s'exerce à abattre des pipes en terre. La pipe peut aussi représenter la tête... Cela explique peut-être que le casse-pipe représente la guerre ou le danger de mort.

Il existe bien d'autres explications sur l'origine de *casser sa pipe*. Leur trait commun est d'imaginer des situations où la mort serait associée à une pipe qui tomberait et se casserait. Ces histoires sont intéressantes, mais elles sont le plus souvent invérifiables.

Cette démarche traduit peut-être une inquiétude à propos du moment exact de la mort. La recherche d'un signe évident qui fixerait ce moment n'est pas si anodine que cela. La mort peut survenir subitement, en quelques minutes, ou faire suite à une longue période de soins de réanimation. Lorsque des machines assurent les fonctions vitales, comme la respiration et l'alimentation, la définition de la mort devient plus technique. Seul le constat de la mort cérébrale autorise l'arrêt de la réanimation. Pourtant, dans certains cas de coma dépassé, le débat n'est pas clos.

L'important, c'est de ne pas *souffrir mille morts*.

> **Aller au casse-pipe, c'est partir à la guerre. À la foire, on tire sur des pipes. Du temps de Mazarin déjà, casser sa pipe, son tuyau, signifiait : mourir. Mercier, acteur de boulevard, fut saisi d'une attaque alors qu'il jouait le personnage de Jean Bart. Il laissa tomber la pipe qu'il tenait à la bouche et celle-ci se cassa. L'acteur mourut en scène. Cela ne manqua pas de raviver l'expression.**
>
> Loïc Rochard, *Les Mots de Brassens*, Le Cherche-Midi, 2009

ESSUYER LES

PLÂTRES

s'exposer à des désagréments inévitables dans une fonction nouvelle

Essuyer est employé ici dans le sens de « sécher ». Au milieu du XIXe siècle, tout le quartier de La Trinité à Paris a été rénové. Pour attirer les futurs locataires, les propriétaires ont l'idée de louer leurs appartements, pour une somme modique, à de jeunes personnes aux mœurs légères, appelées *lorettes,* du nom de l'église Notre-Dame-de-Lorette, récemment ouverte. D'où leur désignation de *filles de plâtre*. C'est à l'archiviste de l'Opéra de l'époque, Nestor Roqueplan, qu'elles doivent leur nom, apparu dans un numéro des *Nouvelles à la main* du 20 janvier 1841. C'est un « produit » nouveau mis sur le marché. La lorette se situe à mi-chemin entre la fille et la courtisane.

Il faut dire que ces appartements sont insalubres et les octroyer à des prostituées qui ne sont pourtant pas du plus bas étage est jugé méprisant. Louis-Sébastien Mercier, dans le *Tableau de Paris*, écrit à la fin du XVIIIe siècle : « Les plâtres que l'on emploie pour la construction des maisons font beaucoup de mal, parce qu'ils sèchent difficilement, et que l'on habite imprudemment les édifices nouvellement bâtis. Il n'y a rien de plus dangereux : la vapeur des murs est funeste et cause des accidents innombrables. On abandonne ces maisons neuves et humides aux filles publiques : on appelle cela *essuyer les plâtres.* »

Cette pratique peu reluisante est passée dans le langage courant. *Essuyer les plâtres*, c'est, étant donné que les choses n'ont pas fait leurs preuves, que l'on manque d'expérience, s'exposer à des revers. Innover se révèle, souvent, être une position inconfortable, parce que les résultats ne sont pas maîtrisés. Dans *Une ruse* (1882), Maupassant fait parler ainsi un vieux médecin à un jeune malade : « Une femme ne peut aimer passionnément qu'après avoir été mariée. Si je la pouvais comparer à une maison, je dirais qu'elle n'est habitable que lorsqu'un mari a essuyé les plâtres. »

AVALER UNE POIRE D'ANGOISSE

subir des mortifications, de cruels traitements

La poire d'angoisse était un bâillon perfectionné utilisé à l'époque de l'Inquisition. Il était en métal, avait la forme d'une poire et pouvait se dilater à l'aide d'un ressort, ce qui permettait de le bloquer dans la bouche de la victime et d'étouffer ses cris.

À l'époque, cette expression jouait aussi avec le nom du village d'Angoisse (Dordogne) dont les poires étaient difficiles à avaler du fait de leur grande amertume. Le nom de ce village vient du latin *angustia* (« espace étroit, resserré »), probablement en rapport avec les rives étroites de la Loue qui longe la commune.

Étymologiquement, *angoisse* signifie « constriction, resserrement ». C'est ce sens qui est à l'œuvre dans l'expression.

Le terme *anxiété* partage la même origine, mais dans son cas le resserrement est une sensation et ne désigne pas un lieu encaissé. Le stress déclenche la sécrétion de différentes hormones qui sont responsables de différentes sensations comme la bouche sèche, la gorge serrée, la boule au ventre… Associer la notion d'angoisse à un instrument de torture n'est pas exagéré, car les crises d'angoisse sont particulièrement pénibles.

L'imagination des bourreaux du Moyen Âge était sans limites, car la poire d'angoisse servait aussi pour punir les homosexuels et les sorcières. Dans ces cas-là, les bourreaux ne les introduisaient pas dans la bouche…

> **– Maintenant, mon pauvre La Ramée, je suis désespéré de vous introduire cette poire d'angoisse dans la bouche.**
> **– Mais au contraire, je la demande. Mais sans cela, on me ferait mon procès parce que je n'ai pas crié. Enfoncez, Monseigneur, enfoncez.**

Alexandre Dumas, *Vingt ans après*, Flammarion, 1998

AVOIR LES PORTUGAISES ENSABLÉES

être dur d'oreille

Si la *conque* est un coquillage, elle est aussi le nom anatomique du pavillon de l'oreille. Il n'est donc pas étonnant qu'en argot, l'*huître* représente l'oreille. L'expression *avoir les portugaises ensablées* date des années 1950, période qui correspond à l'apogée des huîtres dites « portugaises » en France. L'analogie entre une « portugaise » qui se remplit de sable et une oreille qui ne perçoit plus les sons est donc tout à fait cohérente.

L'exostose oblitérante du conduit auditif externe est une affection assez fréquente chez les personnes qui pratiquent des activités aquatiques soutenues. Dans les milieux spécialisés, cette maladie se nomme aussi l'« oreille des surfeurs ».

C’est une pathologie bénigne, due à la formation d’excroissances osseuses dans le conduit auditif externe. La pénétration répétée d’eau froide dans les conduits est à l’origine de cette réaction. Lorsque ces excroissances sont importantes, elles peuvent entraîner une brusque surdité, le conduit rétréci se bouchant plus facilement par un mélange de sable et de cérumen.

Quelques mesures simples, comme mettre de l’huile d’amande douce dans les oreilles avant de faire du surf, permettent d’éviter l’exostose.

À méditer par les champions de surf s’ils ne veulent pas se retrouver sur le sable.

> **“Ma chère parente [...] meurtrit le tympan d'un employé de la S. N. C. F., lequel s'introduit le médius dans la portugaise jusqu'à la seconde phalange et agite le tout avant de s'en servir.”**
>
> San-Antonio, *Ne mangez pas la consigne*, 1967

JETER DE LA POUDRE AUX YEUX

chercher à éblouir par de fausses apparences

Cette ancienne expression du XIIe siècle est basée sur la notion d'aveuglement par la poussière soulevée. Dans une course sur des chemins de terre, par temps sec, la poussière « aveugle » les poursuivants. Soulever de la poussière, faire l'important, *se faire mousser* procèdent du même principe que l'on retrouve dans le récent « bling-bling » : épater la galerie par un style ostentatoire et clinquant.

La belladone (*belle dame*, en italien) est une plante nommée ainsi à l'époque de la Renaissance, où on l'utilisait pour en retirer un fard. Elle contient aussi de l'atropine, une substance utilisée en pharmacie depuis l'Antiquité. Or, quelques gouttes d'atropine dilatent la pupille. Certains considèrent que cet effet est à l'origine du nom « belladone », car les yeux ainsi dilatés auraient été particulièrement séduisants. Une façon de *jeter de la poudre aux yeux* aux prétendants.

Si c'était le cas, les jolies dames couraient néanmoins un grave risque. On l'utilise toujours aujourd'hui, car les collyres d'atropine servent notamment à faciliter l'examen du fond de l'œil. Toutefois, c'est aussi un poison violent. Chez des personnes âgées, plus sensibles aux médicaments et qui peuvent se tromper de dose, on a observé parfois de véritables intoxications. En plus d'un éblouissement, il se produit un état de confusion, de désorientation et des hallucinations visuelles. Un médicament à ne pas utiliser *les yeux fermés*.

« Elle chérit tout autant les thuriféraires du nihilisme intégral, les donneurs de leçons, pleureuses patentées du siècle, jeteurs de poudre aux yeux et autres vendeurs d'arrière-monde qui font commerce de la naïveté et de la sottise aujourd'hui généralisée. »

Michel Onfray, *Les Vertus de la foudre*, Grasset, 1998

TOMBER EN

QUENOUILLE

être abandonné, laissé à l'abandon (en parlant d'un pouvoir, d'un privilège, d'un domaine)

La Belle au bois dormant plonge dans un sommeil séculaire en se piquant à la quenouille d'une vieille femme. Cette fileuse n'est pas sans rappeler Clotho, divinité qui, dans la mythologie grecque, tient une quenouille dans sa main et préside aux destinées humaines. En revanche, avec l'expression *tomber en quenouille* s'estompe l'image de la déesse toute-puissante, maîtresse de nos vies. Pour comprendre cette évolution, il faut se rappeler que la langue n'est pas à l'abri de représentations misogynes.

Quenouille désigne une petite canne dont une extrémité est garnie de laine destinée à être filée en la dévidant au moyen d'un fuseau. Avoir en main une quenouille est rapidement considéré comme une activité ménagère subalterne et cet objet devient le symbole de travaux domestiques exclusivement féminins : *Les Évangiles des quenouilles* de la fin du Moyen Âge recueillent un grand nombre de recettes et de superstitions attribuées ou destinées aux femmes. Littré rapporte l'ordre *allez filer votre quenouille*, donné à celle qui veut se mêler des affaires qui regardent les hommes.

Cette quenouille en vint à représenter la femme et Furetière nous rappelle que *quenouille* « se dit figurément en termes de généalogie, pour signifier la ligne féminine ». C'est au XVIe siècle que *tomber en quenouille* se dit au sujet d'une maison ou d'une propriété dont une femme devient l'héritière. Cet emploi présuppose que le *patrimoine*, littéralement l'« ensemble des biens appartenant au *pater familias* », est une affaire d'hommes et ne doit pas passer dans des mains féminines, au risque d'être mal géré et de tomber dans l'oubli !

L'expression s'utilise aussi au sujet d'une chose qui perd sa valeur ou sa force. Si la quenouille est un objet de musée, le terme se maintient aujourd'hui dans cette image. La métaphore textile, à l'origine de ce glissement sémantique, est encore bien vivace et l'expression populaire *filer une triste quenouille* a pour équivalent contemporain *filer un mauvais coton*.

ÉCUMER DE RAGE

être au comble de l'exaspération

Le chien enragé à la gueule couverte d'« écume » est une image d'Épinal. À un stade avancé de la maladie, les animaux atteints de la rage salivent énormément, mais ont du mal à avaler. C'est l'origine de cet amas caractéristique de bave mousseuse. Un être humain très énervé et volubile (signes d'une violente exaspération) peut avoir une légère mousse à la commissure des lèvres, mais la force de l'expression « écumer de rage » vient de l'analogie avec cette maladie.
Si le chien est un animal particulièrement associé au virus de la rage, cette maladie touche un grand nombre d'autres espèces, notamment le renard, la chauve-souris et le singe. La contamination de l'homme est accidentelle et se fait par la salive, souvent par une morsure. L'incubation est longue et peut durer jusqu'à plusieurs mois. Le virus finit par atteindre le cerveau, ce qui explique la gravité des symptômes. En plus de l'excès de salive, habituel de la phase avancée, on

observe une crainte de l'eau dont le contact provoque des sensations de brûlure chez le malade.

Pline l'Ancien déjà, dans son encyclopédie intitulée *Histoire naturelle*, décrit l'hydrophobie, il y a 2 000 ans. Encore aujourd'hui, ce symptôme est toujours significatif d'un stade évolué de la maladie.

Les derniers cas de rage humaine contractée en France datent de 1924. Épisodiquement pourtant, des cas importés surviennent, mais ils sont très rares. Aujourd'hui on ne risque donc plus d'assister à d'autres accès de rage que ceux de personnes exaspérées.

Tout comme les morsures de la jalousie ou de la déception, il est peu probable que l'on trouve un vaccin à qui *écume de rage*.

RAGE

LE MOT DU PETIT ROBERT

[ʀaʒ] nom féminin

ÉTYM. 1080 ◆ latin populaire °*rabia*, classique *rabies*

1. État, mouvement de colère, de dépit extrêmement violent, qui rend agressif. *Être fou de rage.*

PASSER LA RAMPE

produire de l'effet sur un public, un auditoire, des lecteurs

Pour Michel Leiris, dans *Fourbis*, « rien ne vaut, en art comme en littérature, que ce qui passe la rampe et frappe en pleine poitrine, comme le raccroc d'une prostituée faisant naître un désir subit ». Quelle est cette chose, apparemment primordiale dans les arts, qui doit enjamber une rampe avant de nous frapper au cœur ? C'est l'effet produit sur un public. Mais pourquoi cette rampe à franchir pour atteindre la cible ?

Rampe, dérivé du verbe *ramper* qui signifiait d'abord « grimper » (le *lion rampant* du blason se dresse sur ses pattes arrière), est apparu au XVIe siècle avec l'idée d'une montée verticale. Il a d'abord renvoyé à une volée d'escalier, avant de désigner la balustrade servant d'appui et de garde-corps, un siècle plus tard (d'où vient qu'on a dit *tenir bon la rampe* et *lâcher la rampe*). C'est ainsi que dans les théâtres à l'italienne aménagés au début du XIXe siècle, on installa une rampe le long de la scène afin de protéger les comédiens contre une chute possible dans la fosse d'orchestre.

Mais *rampe* s'applique également à la rangée de lumières, des chandelles du temps de Molière, qui borde horizontalement l'avant-scène, éclairant les comédiens par en dessous et délimitant clairement pour eux le bord du plateau. On le devine, les éclairages qui mettent, parfois cruellement, le spectacle en lumière sont *les feux de la rampe*. Dans ce contexte, l'acteur doit passer la rampe, pour toucher, pour émouvoir le public. Un effet ou une mise en scène réussis traversent alors le fameux « quatrième mur », cette cloison imaginaire qui sépare les artistes des spectateurs.

Dans la vie et dans la rue aussi, pour exister, il faut pouvoir passer la rampe des indifférences et celle, plus pénible encore, des mépris.

Mes interprètes servaient la pièce au mieux [...]. Elle passait évidemment la rampe.

François Mauriac, *Le Nouveau Bloc-notes 1958-1960*, 1961

DILATER LA RATE

amuser, faire rire

Pour la médecine ancienne, la rate se remplissait d'un liquide, d'une « humeur » de couleur noire. En toute logique, vider la rate de la « mauvaise humeur » laissait donc la place à la « bonne humeur ». *Dilater*, *épanouir* ou *déboucher la* ou *sa rate* ont le même résultat : redonner de la joie, de la gaieté.
Les propriétés que les médecins de l'époque d'Hippocrate attribuaient à la rate étaient de pures spéculations. Maintenant que l'on connaît le rôle de la rate dans la filtration et la coagulation du sang, l'ancienne théorie des « humeurs » nous paraît très bizarre.
Quand la rate se dilate, c'est une mauvaise nouvelle. La dilatation de la rate, ou *splénomégalie*, signale une maladie. Il peut s'agir d'une simple infection, mais souvent, c'est le symptôme d'une maladie du sang comme une leucémie ou d'une maladie

du foie comme une cirrhose. Il est parfois possible d'enlever la rate pour améliorer la situation. Cette opération est bien supportée, car malgré ses différentes fonctions, le rôle de la rate n'est pas vital.

Soyons rassurés, en dehors du domaine médical, le seul risque de trop *se dilater la rate* est d'éclater de rire.

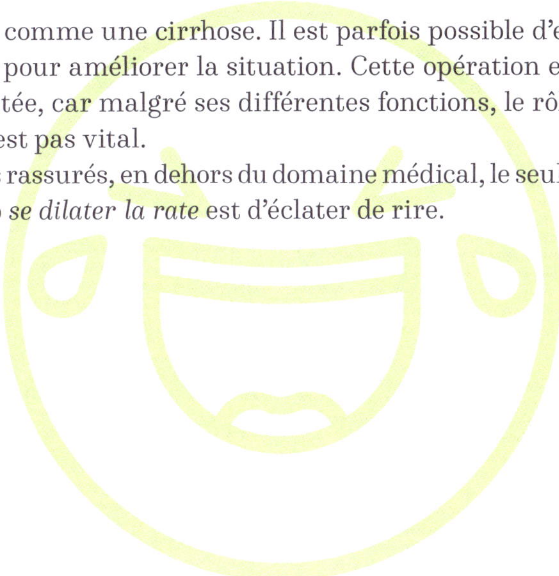

[...] à moins que Caracala n'ait décidé de le faire crever de rire, vu que quand il se décidait à dilater la rate de ses auditeurs c'est avec une plume grosse comme une plume d'autruche qu'il les chatouillait, quel clown ce Cara, quand il s'y mettait personne n'était à même de résister, les gens n'en pouvaient plus, ils se tordaient, [...]

Paul Émond, *La Danse du fumiste*, 1977

LE RETOUR D'ÂGE

ensemble de phénomènes physiologiques qui accompagnent la ménopause

Le retour d'âge est une abréviation de l'expression ancienne *être sur le retour de l'âge*. Dans cette formule, on considère le retour, dans la vie humaine, comme un déclin. Le mouvement d'*aller* est associé à une croissance et celui de *retour* à une régression.

Du point de vue physiologique, la ménopause correspond à l'arrêt définitif du fonctionnement des ovaires. Il n'y a donc plus de possibilité de grossesse naturelle. Un certain nombre de perturbations hormonales surviennent alors. Par analogie avec les autres dysfonctionnements hormonaux, les spécialistes ont mis au point un traitement hormonal destiné à suppléer les hormones que les ovaires ne produisaient plus.

Le traitement substitutif hormonal (TSH) est disponible en France depuis les années 1960, mais il fut largement conseillé seulement à partir des années 1990. On assista alors à un véritable engouement, dont l'argument principal était la disparition de tous les inconvénients du *retour d'âge*, notamment les bouffées de chaleur et l'ostéoporose. Cerise sur le gâteau, on constatait même une diminution des accidents cardiaques, comme l'infarctus du myocarde. Mais progressivement, apparurent des effets indésirables de plus en plus préoccupants, comme des AVC ou des cancers… Actuellement, de tels traitements ne devraient être utilisés que sur de courtes durées. Il n'est pas si facile que cela de changer les règles.

> **Pendant les longs mois de son retour d'âge, elle eut des insomnies. Le silence du parc baignait l'hôtel et laissait parvenir jusqu'à sa chambre les bruits nocturnes de la ville […]**
>
> Philippe Hériat, *Famille Boussardel*, 1946

SE CAILLER LE SANG

se soucier, s'inquiéter

Cailler, qui vient du latin *coagulare*, est d'abord un terme relatif à la transformation du lait en fromage et dérive lui-même de *coagulum*, qui signifie « présure, lait caillé ». Par analogie, *se cailler* signifie être figé par le froid. Ce froid peut aussi, par métaphore, être celui de la peur, de l'effroi qui *glace le sang*. Pour les médecins, le sang coagule, mais *se cailler le sang* est resté dans le langage populaire avec un sens proche de *se faire du mauvais sang*.
Au sens propre, le sang caille, non pas sous l'effet du froid, mais par le mécanisme de la coagulation. Le résultat en est la formation d'un caillot, autrement dit une *thrombose*. Plusieurs maladies entraînent la formation de caillots de sang à l'intérieur du cœur, des artères ou des veines. Ces caillots

peuvent se déplacer dans les veines et les artères jusqu'à se trouver coincés, puisque le diamètre des artères se réduit progressivement. En effet, l'artère la plus volumineuse est l'aorte au sortir du cœur. Ensuite, au fur et à mesure des bifurcations, la taille des artères diminue. Le passage du sang est alors bloqué, c'est l'embolie. La plus fréquente est l'embolie pulmonaire, mais il peut aussi se produire un accident vasculaire cérébral (AVC) à cause d'un caillot. Pour l'éviter, on utilise des médicaments anticoagulants, dont un des plus utilisés en dehors de l'hôpital appartient à la famille des antivitamines K. En 2012, plus d'un million de personnes l'utilisaient en France. Grâce à ce traitement, de nombreuses embolies pulmonaires et de nombreux accidents vasculaires cérébraux sont évités chaque année.
Les responsables de la sécurité routière tiennent le même langage : « Fluidifier la circulation évite les bouchons dans les grandes artères ».

PAYER EN MONNAIE DE SINGE

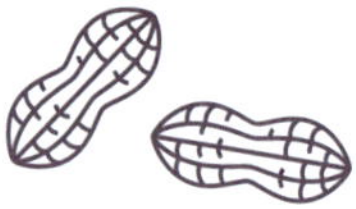

récompenser ou payer par de belles paroles, des promesses creuses

Le singe, étonnant animal, est connu pour ses facéties et ses grimaces. La légèreté qu'on lui prête serait-elle à l'origine de *payer en monnaie de singe*, où la monnaie en question ne vaut rien ? Cette connotation a peut-être contribué au succès de l'expression, mais celle-ci a une origine bien précise.

Si le singe a une forte valeur symbolique, il est aussi associé à ce qu'on appelle aujourd'hui *les arts de la rue*. C'est, depuis l'Antiquité, l'un des animaux favoris des bateleurs, qui le dressent à faire des tours et à se produire en public. Supposé rusé, il amuse et plaît par son adresse, mais aussi par son étrange proximité avec l'être humain qu'il semble contrefaire.

L'association des simiens avec la monnaie remonte au Moyen Âge. La traversée du Petit Pont, reliant, à Paris, l'île de la

Cité à la rive gauche, était soumise à un droit de péage. En étaient exemptés les saltimbanques, s'ils offraient au péager, en échange, un numéro de leur spectacle. Les gambades d'un singe savant convenaient. Le non-paiement n'était donc pas une tromperie mais un droit acquis par une prestation en nature.
Dès le XVIe siècle, *payer en monnaie de singe* évoque les tentatives de séduction visant à remplacer une rétribution. Belles paroles et promesses, la publicité aujourd'hui, sont de la fausse monnaie. Certains se laissent abuser par un miroir aux alouettes*, d'autres se méfient de la poudre jetée aux yeux. Un autre dicton rappelle que ce n'est pas aux vieux singes qu'on apprend à faire la grimace.

> **On ne donne pas d'amour mais on prétend mettre à sa place quelque chose de bien meilleur et de plus digne. C'est de la monnaie de singe.**
>
> Joseph Arthur de Gobineau, *Les Pléiades*, 1874

À LA

SIX-QUATRE-DEUX

avec précipitation, à la hâte

La présence de cette expression ici peut surprendre, car, à première vue, il n'y a pas de rapport avec le domaine de la santé. L'origine de la formule « à la six-quatre-deux » est assez obscure. Diverses propositions, comme l'énumération inverse des trois premiers nombres pairs ou encore le rapport à une mesure de musique, ne sont pas confirmées. Pourtant, dans les années 1970, des enseignants en thérapeutique proposaient aux futurs médecins de prescrire une formule de médicament simple à mémoriser. Cette pratique de « prescription magistrale » a presque disparu aujourd'hui. Elle consiste à écrire en toutes lettres la composition détaillée du médicament afin que le pharmacien la réalise lui-même à partir de substances en vrac. Dans le cas en question il s'agissait de sachets de poudre destinés à soulager les maux de ventre.

La formule, pour un sachet, était la suivante :

- Bicarbonate de soude : 6 g
- Phosphate de soude : 4 g
- Sulfate de soude : 2 g

Les sachets devaient ensuite être dilués dans 1 litre d'eau et pris à raison d'un verre 4 fois par jour. Le moyen mnémotechnique associe le sens décroissant des quantités et le sens croissant des initiales des sels de soude : 6, 4, 2 et Bicarbonate, Phosphate, Sulfate.

Contrairement au sens habituel d'une tâche effectuée *à la six-quatre-deux*, associant la hâte et la négligence, cette formule de prescription est rapide, mais sérieuse. En revanche, il n'est pas possible de savoir si cette formule est à l'origine de l'expression ou si c'est l'expression qui a servi aux médecins pour mettre au point une astuce mnémotechnique…

Dommage que l'on ne l'utilise plus, car ce traitement d'une autre époque n'était pourtant pas de la *poudre de perlimpinpin**.

STOCKHOLMISER

QUELQU'UN

influencer une victime au point qu'elle finisse par prendre la défense de son agresseur

Le syndrome de Stockholm désigne le développement d'une sympathie de la part des otages pour leurs ravisseurs. C'est un ensemble de symptômes décrits par le psychiatre suédois Nils Bejerot en 1973, à la suite d'un fait divers : un évadé de prison, Jan Erik Olsson, essaye de braquer une banque à Stockholm. Lors de l'intervention des forces de l'ordre, il prend en otage quatre employés. Après six jours de négociations, les otages sont libérés. Pourtant, à ce moment-là, ils s'interposent entre leur ravisseur et la police. Par la suite, ils refusent de témoigner contre lui, prennent sa défense et lui rendent visite en prison.

Dès lors, *stockholmiser* une personne ou un groupe n'est pas une expression que l'on utilise tous les jours, mais elle est régulièrement utilisée dans la presse. Au début, elle s'appliquait essentiellement à des situations de prises d'otages qui se sont développées depuis quelques années. À présent, cela concerne aussi des situations bien moins graves, que cette expression permet de dramatiser.

On a notamment pu lire ces dernières années qu'il est indispensable que l'Europe des nations s'assume comme sujet stratégique à part entière et non plus comme un otage *stockholmisé* d'intérêts qui ne sont pas les siens.

Plutôt que d'employer des expressions comme *trahir son camp* ou *travailler contre ses intérêts*, *stockholmiser* devient une formule choc évoquant un processus mental pernicieux.

C'est le cas par exemple de l'article de Tessa Melkonian, publié en 2016 par la *Harvard Business Review* et intitulé *Quand le syndrome de Stockholm fait irruption dans le monde du travail* : « Parce qu'on ne quitte plus un environnement professionnel nocif aussi facilement qu'hier, le syndrome de Stockholm fait son entrée dans l'entreprise comme stratégie d'adaptation et de défense face à des conditions de travail parfois extrêmes. [...] Ne pas se juger et accepter la " stockholmisation " comme un processus de défense lorsque la violence de la situation se combine avec une absence d'issues à court terme. »

Dans la foulée des expressions étranges qui ont la part belle du côté des médias, on peut songer au non moins connu *lavage de cerveau*, qui s'était popularisé dans les années 1950 après la guerre de Corée.

LA SUBSTANTIFIQUE MOELLE

ce qu'il y a de meilleur, de plus précieux et de plus profond

Nous devons cette expression un peu pédante à Rabelais. Au sens propre, la moelle est à extraire du plus profond de l'os. Rechercher la *substantifique moelle*, c'est approfondir un texte, chercher un sens qui n'apparaît pas au premier abord.
Au XVIe siècle, on ne se doutait pas que la moelle osseuse cachait la fabrication des cellules du sang. Rabelais, malgré son imagination fertile, n'aurait jamais pu anticiper la greffe de moelle ou *greffe médullaire*.
À la suite d'un accident nucléaire, six ouvriers yougoslaves furent irradiés puis transférés en France, où ils reçurent une greffe médullaire effectuée par Georges Mathé. C'était la

première fois qu’une telle intervention réussissait : quatre d’entre eux furent sauvés. En utilisant les rayons X, il put reproduire les effets de l’irradiation et obtenir en 1963 la première guérison d’une leucémie.
C’est un domaine où il faut *en connaître un rayon.*

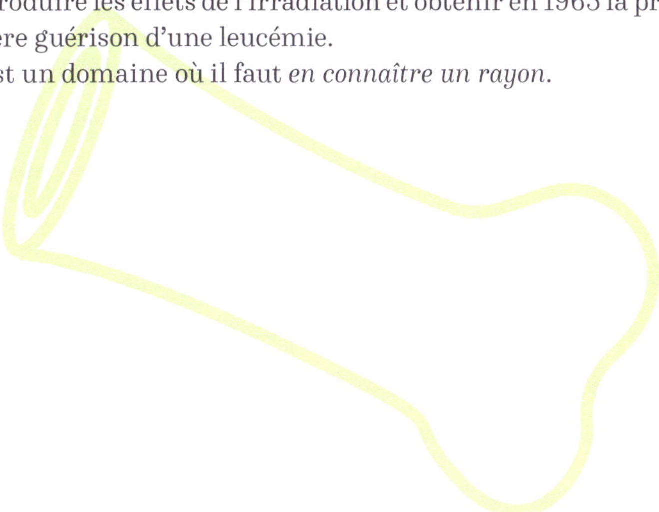

> **Ferdinand ne lit qu'un journal, toujours le même. Il sait le lire. Il sait en extraire toute la moelle substantifique.**
>
> Georges Duhamel, *La Nuit de la Saint-Jean*, 1935

UN TABLEAU DE CHASSE

ensemble de succès dans la conquête amoureuse

En quoi consiste ce *tableau ?* Il s'agit de l'exhibition ordonnée des pièces de gibier de chaque espèce, obtenues au cours d'une journée ou d'une saison, par un ou plusieurs chasseurs. Sur le sol sont alignées, par catégories et par rangées de dix, les pièces de gibier tué. La chasse a eu une importance telle que, à la date du 14 juillet 1789, dans son carnet de chasse, Louis XVI a écrit : « Rien ». Cela n'a aucun rapport avec la plus ou moins grande considération qu'il pouvait avoir de la prise de la Bastille. Ce *rien* veut dire que, ce jour-là, il n'a rien tué à la chasse.

Au XIIIe siècle, l'imbrication est constante entre la chasse et la conquête amoureuse. Un poème allégorique, le *Dit du cerf amoureux*, expose les grandes étapes de la chasse à courre et s'applique à les transposer en différents moments de la conquête d'une dame. Dans le *Dit de l'Alérion* (XIVe siècle), Guillaume de Machaut relate une histoire d'amour en termes de fauconnerie : *capture, dressage...* C'est la grande époque du roman courtois. Le mot *déduit* est resté dans le vocabulaire érotique : *faire le déduit*, c'est faire l'amour. Il avait alors le sens de loisir, de distraction, du plaisir associé à la chasse. Aujourd'hui, ne donne-t-on pas à la femme aimée le doux nom de *biche* ou de *petit lapin ?* Mais la biche était aux abois* et le petit lapin s'efforçait de regagner son terrier.

Le tableau de chasse a un équivalent : *le tableau d'aventures.* Et les proverbes n'ont pas manqué d'avertir les hommes trop entreprenants : « Il ne faut pas courir deux lièvres à la fois » ; « Qui chasse deux lièvres n'en prend qu'un. » Ils ont pris le sens figuré suivant : quand on poursuit deux buts en même temps, on risque de les manquer tous les deux.

À la fin du XVIIe siècle, *chasser (courir) le même lièvre*, c'est prétendre obtenir les faveurs de la même femme. C'est aussi renvoyer à plusieurs personnes qui prétendent à la même place, qui sont *sur le même coup. Relancer quelqu'un* appartient aussi au domaine de la chasse. Il concerne l'animal traqué. Mais, pour *renouveler son cheptel* et *s'en afficher de nouvelles à son répertoire,* encore faut-il avoir à sa disposition un *terrain de chasse.*

UNE
TATIE
DANIELLE

une femme âgée difficile

Le film éponyme d'Étienne Chatiliez est devenu un véritable phénomène social. Succès commercial à sa sortie en 1990, il montre sans fard la réalité de la vieillesse chez des personnes de « mauvais caractère » et la difficulté pour l'entourage de les accompagner. Aujourd'hui, des gériatres emploient même l'expression *le syndrome de Tatie Danielle*.

L'expression *une Tatie Danielle* s'est lexicalisée et s'emploie couramment pour désigner une femme âgée acariâtre. Ce n'est pas le hasard qui incite les cinéastes à aborder ce thème, car en France, la population des personnes de plus de 75 ans a doublé entre 1950 et 1990. Depuis, elle atteint près de six millions de personnes (dont 60 % de femmes).

Certains gériatres qualifient le *syndrome de Tatie Danielle* de « dépression hostile des personnes âgées ». Effectivement, la fréquence des dépressions chez les personnes âgées est sous-estimée, car on met leurs sautes d'humeur et leur agressivité sur le compte de leur « mauvais caractère ».
Les troubles du comportement traduisent souvent un refus d'accepter la déchéance physique de la vieillesse et l'état de dépendance qui en résulte. Ces personnes mettent alors en échec l'entourage et risquent d'entraîner des actes de maltraitance par épuisement des aidants.
Quoi qu'il en soit, il faudrait trouver une autre expression qui ne stigmatise pas que les femmes... Ce serait trop injuste qu'il n'y ait que des *Taties Danielle* et des *papas gâteau*.

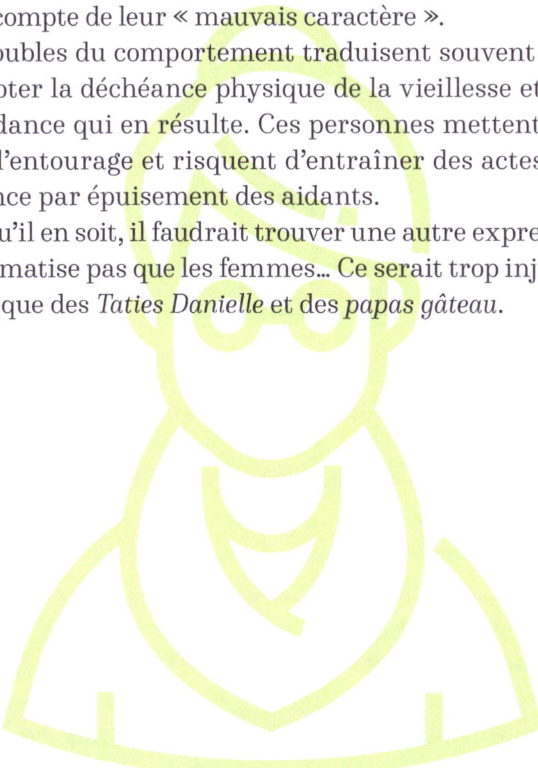

METTRE LA TÊTE AU CARRÉ À QUELQU'UN

le frapper jusqu'à lui déformer la tête

La forme de la tête est plutôt ronde et *la mettre au carré*, c'est lui donner une forme inhabituelle. À l'instar de *casser la gueule*, il s'agit de la frapper violemment pour la faire changer d'aspect. La mise au carré a aussi une connotation militaire, comme pour *faire un lit au carré*. L'expression *mettre la tête comme un compteur à gaz* a un sens identique, mais *avoir la tête comme un compteur à gaz* signifie plutôt *avoir la gueule de bois*. C'est à en perdre la tête !

Pour les amateurs de cinéma, une tête au carré fait penser à la créature de Frankenstein, dont le crâne réparé avait une forme géométrique. Pourtant, l'acteur Boris Karlov, qui l'incarnait, avait un visage normal et ne devait son aspect terrifiant qu'au maquillage. En revanche, l'acteur Richard Kiel, célèbre pour ses rôles de géant, notamment celui de Requin dans les films de James Bond (dans *L'Espion qui m'aimait* et *Moonraker*), souffrait d'acromégalie.

Cette maladie hormonale donne un gigantisme et un épaississement des cartilages du nez, des oreilles, des lèvres et des arcades sourcilières. L'aspect de la tête devient ainsi massif et plutôt carré. Cette maladie est due à une sécrétion exagérée d'hormones de croissance.

Finalement, *mettre la tête au carré* n'est pas une bonne méthode pour *arrondir les angles*.

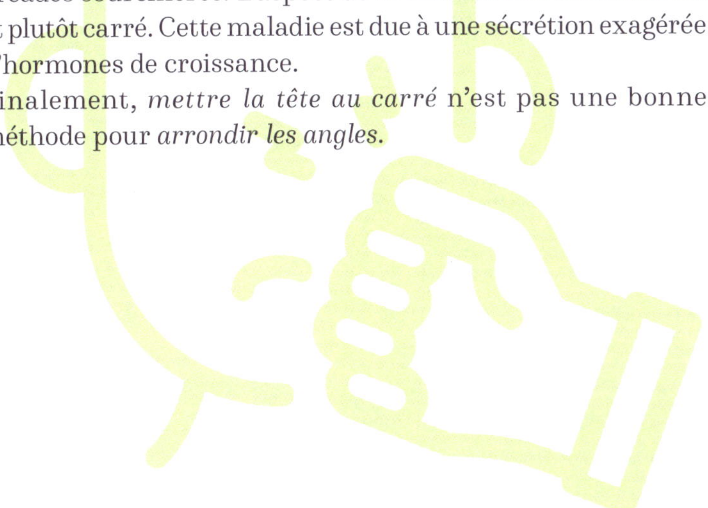

“Une expression comme « Je vais te mettre la tête au carré » nous valait une punition, plus pour la trivialité de l'expression que pour l'agressivité de l'intention.”

François Cavanna, *Mignonne, allons voir si la rose...*, 1989

ÊTRE

TOQUÉ

être un peu fou

Les termes *toqué* ou *toc toc* désignent des formes de folie légère. Elles sont proches de toutes ces expressions qui se réfèrent à la comparaison de la tête avec une cloche et qui ont donné notamment les insultes comme *pauvre cloche*, *espèce de timbré*, *espèce de fêlé*, ou encore *espèce de sonné*. Lewis Carroll, dans *Les Aventures d'Alice au pays des merveilles* (1865), brosse le portrait d'un chapelier toqué. L'expression *chapelier toqué* joue sur les deux sens de *toqué* : porteur de *toque* avec le sens de « bonnet » et *toqué* avec le sens de « fou ». L'expression *travailler du chapeau* (« être fou, dérangé »), semble accabler plus encore les chapeliers. En effet, il existait une maladie professionnelle des chapeliers à l'époque où le mercure servait dans la préparation du feutre. Pour autant, cette intoxication, nommée *hydrargyrisme*, donnait des troubles très graves et non pas une légère folie.

T

D'ailleurs, le chapelier qui prend le thé ne présente pas les signes d'une intoxication au mercure, mais plutôt une perte de confiance en soi, une anxiété liée au besoin de se rassurer, et, il faut l'avouer, une certaine excentricité, qu'il montre dans des comportements répétitifs. En réalité, il aurait plutôt une pathologie que la psychiatrie actuelle désigne comme un « trouble obsessionnel compulsif », autrement nommé TOC ! Plus proche de nous, Adrian Monk, le personnage principal de la série télévisée du même nom, souffre de ces fameux tocs. À un certain degré, ces troubles sont envahissants et ne permettent pas de mener une vie normale. En revanche, à petite dose, ils font partie de la vie de tout un chacun, ce sont de petites manies… aussi appelées, des *tics* !
Avec des personnes qui ont un TOC ou bien des tics, mieux vaut faire preuve de tact.

> **Il ne se plaît nulle part. Il y a des jours où je me demandais s'il n'était pas fou… Mais toi aussi, mon pauvre ami, tu as l'air toqué, ajoute-t-elle en me regardant. Si tu pouvais voir quelle figure tu fais ! Ça tient peut-être de famille ? Il faudra que je te soigne.**
>
> Georges Darien, *Le Voleur*, Gallimard, 2003

AVOIR UNE TRONCHE DE CAKE

être prétentieux, vantard

Si la *tronche* est un morceau de bois gros et court comme une bûche de Noël, elle désigne en argot la *tête*. Le terme de *cake*, quant à lui, pourrait venir de différents mots de patois comme *kéké*, *quèque* ou *cacou*, qui signifient « vantard, frimeur ». On peut remarquer l'habile calembour entre une tranche de cake et une *tronche de cake* ! D'ailleurs, *tranche* signifie aussi « tête » en argot. Une personne qui a une *tronche de cake* a par conséquent la grosse tête, d'où un orgueil excessif.
Cette expression évoque aussi la folie des grandeurs et la mégalomanie. Dans les dessins humoristiques, en France, le fou mégalomane est représenté sous la forme d'un personnage

se prenant souvent pour Napoléon. Dans les autres pays, l'Empereur est remplacé par le personnage historique local le plus puissant ou, à défaut, une divinité. Il s'agit d'un délire caractérisé par l'illusion de posséder des qualités et des pouvoirs que nous n'avons pas.
Cependant, dans quelques cas, comme celui de Louis II de Bavière, la folie et la réalité se sont rejointes. Louis II était un grand malade mental, mais il avait le pouvoir et les moyens financiers d'une Bavière en pleine expansion économique. Il fit donc construire des quantités de châteaux superbes et parfois délirants, comme celui de Neuschwanstein. Inquiet de ces dépenses pharaoniques, le gouvernement de Bavière réussit à le destituer en 1886. Il décéda peu de temps après, entraînant son psychiatre dans une mort mystérieuse.
Cerise sur le cake : ces châteaux font aujourd'hui la fortune du tourisme bavarois.

« En sortant du lycée, j'ai croisé Hamoudi. Il m'a proposé de m'embarquer pour me déposer au quartier. J'étais fière alors j'en ai profité pour flamber un peu, pour que toutes ces tronches de cake du bahut me voient partir avec la doublure d'Antonio Banderas [...]. »

Faïza Guène, *Kiffe kiffe demain*, Le Livre de Poche, 2005

UNE TUNIQUE DE NESSUS

un cadeau empoisonné

Dans la mythologie grecque, Nessus est un centaure, une créature moitié homme moitié cheval, qui sert de passeur sur le fleuve Événos. Si la légende a diverses interprétations, toutes s'accordent sur le fait qu'un jour, Hercule et sa femme Déjanire vinrent quémander ses services. Nessus accepta de faire traverser le fleuve à Déjanire, tandis qu'Hercule devrait atteindre l'autre rive à la nage. Mais sitôt en possession de Déjanire, Nessus tenta de la violer. Hercule, sortant de l'eau, récupéra son arc et le tua alors d'une flèche empoisonnée. Avant de mourir, Nessus voulut se venger et promis à Déjanire que si elle prenait la tunique, maintenant ensanglantée, qui le recouvrait, Hercule ne pourrait plus lui être infidèle.

Plus tard, délaissée par Hercule, Déjanire lui offrit le vêtement, qu'elle pensait pouvoir le ramener à elle. Mais aussitôt enfilée, la tunique de Nessus, contenant encore du poison mêlé au sang du centaure, déclencha de telles douleurs chez son amant que ce dernier préféra se brûler vif sur un bûcher pour en finir rapidement. Déjanire compris qu'Hercule ne la tromperait plus et que le centaure avait tenu sa promesse. Dupée par ce cadeau empoisonné, elle se donna également la mort.

Dès lors, si cette expression n'a pas souvent un sens aussi dramatique, elle représente toujours un avantage apparent qui cache des inconvénients insoupçonnés.

Au vu des dégâts provoqués par le benfluorex, il est justifié de dire que ce médicament était une véritable *tunique de Nessus*. Mis en vente en France en 1976, ce médicament de la famille des amphétamines avait une action « coupe-faim » qui fit son succès commercial. Malheureusement, comme toutes les amphétamines, il était toxique pour le cœur.

Il a fallu notamment le combat d'Irène Frachon pour que le « Médiator », nom commercial du benfluorex, soit retiré du marché français en 2009.

Décidément pas un cadeau.

ÊTRE UNE VÉRITABLE USINE À GAZ

avoir des flatulences

La complexité de la tuyauterie des usines à gaz était proverbiale. L'expression *usine à gaz*, qui date de l'invention de ce type d'usines, vers le début du XIXe siècle, subsiste dans le langage courant comme un terme péjoratif désignant un système lourd et complexe, peu maniable ou peu compréhensible.

En marge de ce premier sens - qui paraît résister aux effets du temps malgré la fermeture des dernières « vraies » usines à gaz dans les années 1970 -, il en existe un autre qui fait référence aux gaz accumulés dans le tube digestif (estomac, gros intestin), et parfois évacués par l'anus sous la forme d'un pet. Responsables de ballonnements aussi nommés *flatulences* ou *météorisme*, ils affectent de nombreuses personnes qui se plaignent alors d'être de « véritables usines à gaz ».

On trouve de nombreux forums médicaux qui proposent des discussions autour de ce sujet, ce qui montre bien son importance auprès des personnes concernées. Dans certains cas, on n'est pas loin de la *carminophobie* ou « peur de péter ». Or, une personne libère en moyenne près d'un litre de gaz par jour, en une dizaine de fois. Cela peut même doubler en fonction de l'alimentation, sans qu'il s'agisse d'une maladie. Il est donc illusoire de vouloir vivre sans péter.

On peut pour autant préférer *vesser* (« péter sans bruit »), lorsqu'on se trouve en société. Mais si on se contente de *serrer les fesses*, on finira par avoir *un pet de travers* (« être de mauvaise humeur »).

Léontine traitait son petit-neveu avec une arrogance qui ne lui rappelait que trop les sales manières paternelles, exigeant, par exemple, que Gilles lui tînt le bras quand elle réintégrait sa chambre après ses grosses bâfrées, la bedaine tendue et rendant ses gaz, et il devait étayer ce sac de graisse à l'haleine fétide tout en encaissant ses sermons.

Jean-François Coatmeur, *La Danse des masques*, Albin Michel, 1989

TOMBER COMME LA VÉROLE SUR LE BAS CLERGÉ

s'abattre brusquement et avec violence, comme une épidémie

Pendant très longtemps, la *vérole* a été le nom de ce que nous appelons aujourd'hui la *syphilis*. Pour éviter les confusions, on employa aussi l'expression « la grande vérole » afin de la distinguer de la *variole* nommée, elle, « petite vérole ». Si autrefois la vérole était une maladie vénérienne, elle est de nos jours une maladie sexuellement transmissible (MST).

Tomber comme la vérole sur le bas clergé est une expression d'un anticléricalisme violent. Imaginer qu'une épidémie de syphilis touche les prêtres et les moines, soumis au vœu de chasteté, était un blasphème particulièrement scandaleux, mais qui réjouissait les ennemis de l'Église. En même temps, cette expression insinuait que les évêques et les cardinaux - le haut clergé - avaient les moyens de payer des courtisanes exemptes du germe de la syphilis.

On a longtemps fait l'hypothèse que la syphilis était venue des Indiens d'Amérique, après la découverte de Christophe Colomb en 1492. Pourtant, les fouilles récentes d'un monastère anglais datant du XIIIe siècle ont mis en évidence que la majorité des squelettes découverts avaient des déformations typiques de la syphilis. C'est le propre de cette maladie : personne ne souhaite en être l'instigateur. Dès lors, on a longtemps parlé de la vérole comme du « mal napolitain ». On l'attribuait aussi au bas clergé tantôt breton, tantôt espagnol. À titre de réciprocité, de nombreux pays, comme l'Angleterre et l'Allemagne, la nommèrent le « mal français ». Il est intéressant de noter que ces mêmes fouilles ont permis de découvrir que les squelettes atteints du germe semblent être ceux des notables de la ville… et non du bas clergé.

ÊTRE VERT DE COLÈRE

être furieux

La couleur verte, quand il s'agit de celle de la peau, a toujours été un symbole péjoratif. C'est probablement l'origine de *vert* pour « furieux » puis *vert de rage*, signalés au XIXe siècle. L'expression *être vert de colère* est d'un usage plus contemporain. La pâleur du visage peut aussi évoquer le teint livide d'un malade, d'un cadavre. De là viennent les expressions *vert de froid*, *vert de jalousie*, *vert de peur* et même, tout simplement, *en être vert*.
Contrairement à d'autres couleurs comme le rouge avec la *rougeole*, ou le jaune avec la *jaunisse*, le vert ne participe pas au nom d'une maladie. L'exception pourrait être la chlorose (du grec *chloros*, « vert »), qui devait son nom à la couleur de la peau des jeunes filles touchées par cette forme d'anémie. Cette maladie n'avait pas de traitement, mais la guérison

survenait, selon l'avis de certains praticiens, grâce au mariage. Aujourd'hui, cela fait près d'un siècle que la chlorose a disparu et que les manuels de médecine n'en font plus mention. Il est probable que cette « maladie » était une anémie consécutive à des règles trop abondantes, fréquentes à la fin de la puberté.
Symboliquement, le vert est plutôt considéré comme apaisant. Il est aussi la représentation de la nature. Que l'on songe à l'expression *se mettre au vert* (« se reposer, se refaire à la campagne »), qui apparaît vers la fin du XIXe siècle, ou au nom de la « Confédération écologiste », *Les Verts*, baptisés ainsi en 1984.
La couleur rouge mériterait mieux d'être associée à la colère. Elle correspond davantage à la réalité de l'afflux de sang au visage, que l'on peut aisément constater dans ce genre de situation… C'est d'ailleurs le cas avec l'expression *se fâcher tout rouge*.
Finalement, cela traduit une certaine cohérence : une personne colérique est bien capable de vous *en faire voir de toutes les couleurs*.

> **Je suis vert vert vert**
> **Je suis vert de colère**
> **Contre ces pauv' typ's**
> **Qui bousillent la terre…**
>
> Pierre Perret, *Vert de colère*, Éditions Adèle, 1998

UN VERT GALANT

un homme d'un certain âge entreprenant auprès des femmes

Au XVe siècle, les verts galants étaient des hardis brigands appelés *les galants de la feuillée*. Ils avaient leurs repaires dans les bois et s'attaquaient aux seigneurs du voisinage. Aujourd'hui, la forêt demeure un endroit dangereux. Une expression court toujours : *C'est la forêt de Bondy !* Située à l'est de Paris, la ville de Bondy était réputée pour sa grande forêt où rôdaient ceux qui étaient animés de mauvaises intentions, en particulier celle de voler. Cette manière de dire est employée dans le film de François Truffaut, *Le Dernier Métro* (1980), au moment où un vol vient d'être commis dans les coulisses du Théâtre Montmartre. On dira plus volontiers, de nos jours, *être fait comme dans un bois.*

Quand le mot prend un sens plus civilisé, on peut tout de même entendre que l'amant est considéré comme un voleur, qui dérobe le pucelage des filles, qui vole des baisers. Et ce forfait se passe, bucoliquement, dans la verdure. *Prendre la reverdie*, c'est faire l'amour, au XVIIe siècle.

La couleur verte est liée à la vigueur. C'est ainsi que pour *avoir la queue verte*, afin d'être en ordre de marche pour le combat amoureux, le XVIe siècle faisait une grande consommation de sauce verte, composée de verjus, de gingembre et de persil. Cette sauce était réputée pour ses nombreuses vertus : ouvrir l'appétit, fortifier les muscles, rafraîchir le foie… Dans les rues déambulaient des « crieurs de sauce verte ».

La vigueur est liée à l'âge : *être en son vert*, c'est être dans la fleur de l'âge. Quant à *être toujours vert*, c'est, malgré l'âge, conserver ses capacités amoureuses. C'est en ce sens que l'on a entendu le mot *vert galant*.

On surnommait Henri IV *le Vert-Galant*… avec des majuscules, s'il vous plaît. En raison de ses conquêtes nombreuses, malgré les mauvaises odeurs qui émanaient de sa personne ; outre le fait qu'il se lavait fort peu, il consommait force ail. Certaines de ses maîtresses se plaignaient de se ruiner en parfums ; d'autres affirmaient que, s'il n'avait pas été roi, elles ne lui auraient jamais cédé.

AVOIR LES YEUX QUI SORTENT DE LA TÊTE

être très en colère

Le regard joue un rôle important dans les relations sociales et dans l'expression des sentiments. Il est traditionnel de considérer que *faire les gros yeux* est le signe d'une grande colère. C'est une attitude délibérée, un regard menaçant.

Avoir les yeux qui sortent de la tête, c'est éprouver un si vif sentiment de colère, au point que les yeux donnent l'impression de sortir de leur orbite. Pourtant, les yeux ne bougent pas, tout au plus sont-ils écarquillés et semblent plus gros que d'habitude. Bien entendu, les yeux ne grossissent pas réellement et ne sortent jamais des orbites au risque de tomber par terre…

Toutefois, il existe une maladie où les yeux sont vraiment poussés vers l'avant. Ce phénomène se nomme *exophtalmie* et s'observe notamment lors d'un fonctionnement excessif de la thyroïde, aussi appelé *l'hyperthyroïdie auto-immune* ou *maladie de Basedow*. La raison de ce déplacement de l'œil est complexe, mais ce n'est pas dû à une augmentation de volume de l'œil. Le balancement de l'œil vers l'avant est plutôt lié à un gonflement des zones situées en arrière de lui. Il s'accompagne parfois d'une rotation d'un œil, ce qui donne un strabisme.

Les malades, une fois guéris de l'exophtalmie, ne feront plus les gros yeux, mais ils pourront toujours *faire la grosse voix*.

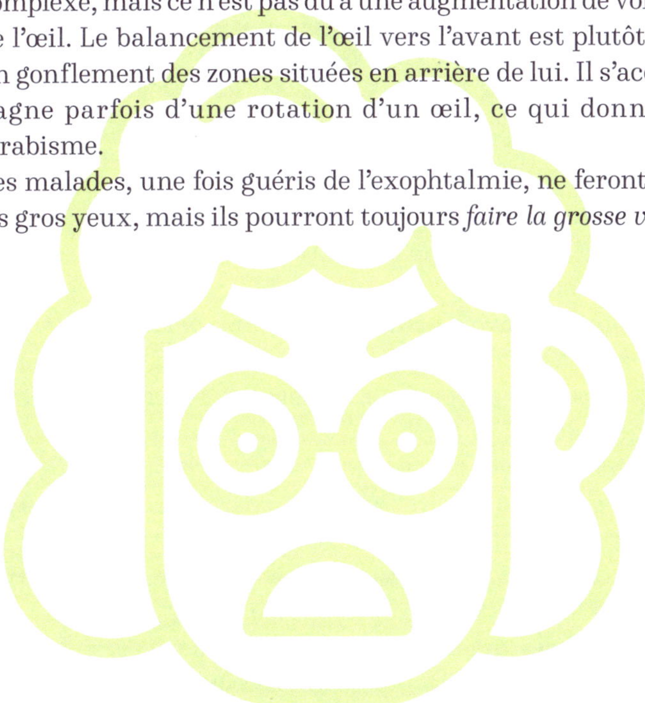

LES AVOIR À ZÉRO

avoir très peur

L'expression *à zéro* correspond au niveau le plus bas. Ici, l'appareil de mesure est le « trouillomètre » et il ne descend pas au-dessous de zéro… En argot, *avoir froid* signifie « avoir peur ». Le pronom personnel *les* peut représenter les fesses, ou encore les miches. Si l'on préfère une connotation plus *macho*, on peut s'orienter vers les testicules. Au choix.

La température des testicules est un sujet de controverse. Il semble cependant admis que la position des testicules à l'extérieur du corps permette d'abaisser la température de celles-ci à 34 °C. Cette baisse de trois degrés serait plus favorable à la fabrication des spermatozoïdes.

Dans le même domaine, on peut descendre encore plus bas. À -196 °C, on atteint la température de conservation des spermatozoïdes. C'est plus bas que la température des surgelés.

Pour conserver le sperme à cette température-là, on rajoute du jaune d'œuf, du sucre et du citron. Si, si, c'est vrai ! Bon d'accord, il y a aussi du glycocolle et des antibiotiques, mais c'est moins rigolo. Quoi qu'il en soit, c'est comme cela qu'on fabrique des *paillettes*, qu'on se dépêche ensuite de mettre à la « banque du sperme ». Pour remettre les spermatozoïdes en condition, il suffit de laisser réchauffer les paillettes à température ambiante. Surtout pas de micro-ondes. Mise au point en 1963, cette recette fonctionne toujours bien.
Pour favoriser la rencontre des spermatozoïdes et de l'ovule, mieux vaut ne pas avoir peur de *rompre la glace*.

“J'ai vu que c'était une sorte de manche qu'il tenait entre les mains et ses yeux brillaient comme des pastilles d'uranium, alors je les ai vraiment eues à zéro, j'ai cherché à gagner du temps.”

Philippe Djian, *Zone érogène*, J'ai Lu, 2001

ÊTRE

ZINZIN

être un peu fou, bizarre

Zinzin est une onomatopée qui a d'abord évoqué un engin bruyant. Elle a ensuite désigné un objet quelconque ou dont le nom échappe, comme *truc*, *machin* ou *bidule*. Elle s'applique aujourd'hui à une personne un peu bizarre, un peu folle. Vers 1960, en faisant la liaison, « les investisseurs institutionnels » sont devenus les *zinzins* en argot de la Bourse. Les « investisseurs institutionnels » sont des sociétés ou organismes amenés par leur importance financière à investir des sommes considérables en Bourse. De ce fait, elles jouent un grand rôle dans l'évaluation des cours. Cette dénomination serait amusante si elle ne venait pas des spécialistes de la Bourse eux-mêmes. Cela confirme pourtant ce dicton populaire : *l'argent rend fou*.

L'argent sous forme de métal peut aussi intoxiquer, au sens propre, le corps humain. Différents médicaments en

comportent de petites quantités et leur usage, aux doses normales, ne présente pas de danger. En revanche, si de temps à autre des personnes un peu *zinzins* abusent de ces produits, elles présentent alors des signes d'« argyrisme » (du grec *arguros*, « argent »). Leur peau prend une teinte bleutée, comme celle des Schtroumpfs. Cependant, cette coloration de la peau n'est pas l'effet le plus dangereux pour la santé. À un stade plus évolué, l'argyrisme entraîne parfois des lésions cérébrales graves.
Comme le disent les Québécois : « Viens mon argent, va-t'en ma santé ».

> **Ma mauvaise humeur la peina.**
> **Elle avait oublié, elle.**
> **– Tu m'en veux encore ?**
> **– Non. On ne peut pas tenir rigueur**
> **à une dingue d'être zinzin.**
>
> René Fallet, *Y a-t-il un docteur dans la salle ?*, Gallimard, 1984

BIBLIOGRAPHIE

I. 1. • LANGUE FRANÇAISE - DICTIONNAIRES FRANÇAIS

- Académie française *(Dictionnaire de l')*. 2 tomes, 1re éd. J.-B. Coignard, 1694, 4e éd. B. Brunet, 1762, réimpression de la 4e éd. Nîmes : P. Beaume, 1778, 5e éd. J.-J. Smits, 1798, 6e éd. Firmin-Didot et Cie, 1878, 8e éd. Hachette, 1932-1935.
• *Complément du Dictionnaire de l'*Académie française, Firmin-Didot, 1842.

- **Furetière (Antoine)** - *Dictionnaire universel*. 3 tomes, La Haye ; Rotterdam : A. et R. Leers, 1690, réédition préfacée, illustrée et indexée. 3 tomes. Le Robert, 1978.

- **Littré (Émile)** - *Dictionnaire de la langue française* [30 fascicules. Hachette, 1863 à 1872]. 4 tomes et 1 suppl., Hachette, 1881. Dates de parution : A-Dernier (7 fasc.) 1863 ; Dernier-Étroit (3 fasc.) 1864 ; Étroit-Génie (2 fasc.) 1865 ; Génie-Hystriciens (1 fasc.) 1866 ; I-Mandat (3 fasc.) 1867 ; Mandat-Perdre (4 fasc.) 1868 ; Perdre-Redresser (3 fasc.) 1869 ; Redresser-Scieur (2 fasc.) 1870 ; Scieur-fin (5 fasc.) 1872.

I. 2. • LANGUE FRANÇAISE - DICTIONNAIRES SPÉCIAUX

- **Esnault (Gaston)** - *Dictionnaire historique des argots français*, Larousse, 1965.

- **Féraud (abbé)** - *Dictionnaire critique de la langue française*, 3 volumes. Marseille : J. Mossy père et fils, 1787-1788.

- **Bal (Willy) et al.** - *Belgicismes. Inventaire des particularités lexicales du français en Belgique*, Duculot, 1994.

- **DesRuisseaux (Pierre)** - *Dictionnaire des expressions québécoises*, Bibliothèque québécoise, 2003.
- **Guemriche (Salah)** - *Dictionnaire des mots français d'origine arabe*, Points, 2015.
- **Pierron (Agnès)** - *Après moi, le déluge ! petit dictionnaire d'expressions bibliques*, Les Éditions du Cerf, 2014.
- **Rey (Alain), Cellard (Jacques)** - *Dictionnaire du français non conventionnel*, Hachette, 1991.

II. • DOCUMENTATION - OUVRAGES DE DOCUMENTATION

- **Boutet (Gérard)**, 1945. - *Paroles de nos anciens : Les gagne-misère*, 1920-1960, Omnibus, 2013.
- *Code de procédure civile*, 27e éd. Dalloz, 1929.
- **Chevallier (Jacques)** - *Précis de terminologie médicale*, 2003.
- **Duneton (Claude)**, 1935-2012.
  • *Parler croquant*, Stock, 1973.
  • *La Puce à l'oreille. Anthologie des expressions populaires avec leur origine*, Stock, 1978.
- **Hippocrate** - *L'art de la médecine*, Flammarion, 1999.
- **Le Roux (Philibert-Joseph)** - *Dictionnaire comique, satyrique, critique, burlesque, libre et proverbial*, Michel Charles Le Cène, Amsterdam, 1718.
- **Prescrire**, revue médicale indépendante depuis 1981.

III. • TEXTES D'AUTEURS

- **Aymé (Marcel)**, 1902-1967. - *Le Passe-muraille : Nouvelles*, Gallimard, 1943 (coll. « Blanche »).
- **Balzac (Honoré de)**, 1799-1850. - **La Comédie humaine**, texte établi par

Marcel Bouteron. 10 tomes, Gallimard, 1940 (tome I), 1941 (tome II), 1947 (tomes III et IV), 1948 (tome V), 1950 (tomes VI et VII), 1949 (tome VIII), 1950 (tomes IX et X) ; (coll. « Bibliothèque de la Pléiade »).

Barbey d'Aurevilly (Jules Amédée), 1808-1889. - *(Premier) Mémorandum, 1836-1838* [S. Trébutien, 1856], 3e éd. Lemerre, 1900.

Beccaria (Cesare), 1738-1794. - *Des délits et des peines*, trad. de l'italien Maurice Chevallier [écrit en 1764 ; Genève : Droz, 1965], Flammarion, 1991 (coll. « Garnier-Flammarion », n° 633).

Boudard (Alphonse), 1925-2000. - *Le Café du pauvre*, La Table Ronde, 1983.

Cellard (Jacques), 1920-2004.
• *Les Petites Marchandes de plaisir*, Balland, 1990.
• *Mi-sainte, mi-touche*, Belfond, 1994.

Cendrars (Frédéric Louis Sauser, dit Blaise), 1887-1961.
• *Comment j'ai écrit* Moravagine, Grasset, 1926.
• *Le Lotissement du ciel*, Denoël, 1949.

Colette (Sidonie Gabrielle Colette, dite), 1873-1954.
• *L'Ingénue libertine*, P. Ollendorff, 1909.
• *L'Entrave*, Librairie des lettres, 1913.

Flaubert (Gustave), 1821-1880. - *Madame Bovary* [*Revue de Paris*, 1856], Gallimard, 1972 (coll. « Folio », n° 51).

France (Anatole François Thibault, dit Anatole), 1844-1924. - *Le Petit Pierre*, Calmann-Lévy, 1918.

Gautier (Théophile), 1811-1872. - *Le Capitaine Fracasse*. 2 tomes [Charpentier, 1863], Garnier, 1930.

Gobineau (Joseph Arthur de), 1816-1882. - *Les Pléiades* [1874], Monaco : Rocher, 1946 (coll. « Grands et petits chefs-d'œuvre »).

Grimbert (Philippe), 1948.
• *Avec Freud au quotidien*, Grasset, 2012.
• *Psychanalyse de la chanson*, Fayard, 2013.

Hugo (Victor), 1802-1885.
• *Les Misérables* [Pagnerre, 1862] Gallimard, 1951 (coll. « Bibliothèque de la Pléiade »).
• *Œuvres complètes*. 19 tomes, nouvelle édition illustrée. Ollendorff, s. d. Tome XI : *L'Archipel de la Manche* [1883] ; *Les Travailleurs de la mer* [1866].

Karr (Alphonse), 1808-1890. - *Sous les tilleuls*. 2 tomes, Gosselin, 1832.

La Fontaine (Jean de), 1621-1695. - *Fables* [1668 à 1694], *Contes et Nouvelles*, Gallimard, 1948 (coll. « Bibliothèque de la Pléiade »).

Leiris (Michel), 1901-1990.
• *La Règle du jeu*. 4 tomes. I : *Biffures*. [1948]. II : *Fourbis* [1955]. III : *Fibrilles*. IV : *Frêle bruit*, Gallimard, 1968 (I et II), 1966 (III), 1976 (IV) (coll. « Blanche »).
• *Langage tangage ou ce que les mots me disent*, Gallimard, 1985.

Lesage (Alain René), 1668-1747. - *Histoire de Gil Blas de Santillane*. 2 tomes [Ribou, 1715], Garnier, 1942.

Libera (Alain de), 1948. - *Morgen Schtarbe*, Flammarion 1999.

Martin du Gard (Roger), 1881-1958. - **Les Thibault**. 9 tomes [1922-1940]. I : *Le Cahier gris* [1922] ; *Le Pénitencier* [1922], 1re partie. II : *Le Pénitencier*, 2e partie ; *La Belle Saison* [1923], 1re partie. III : *La Belle Saison*, 2e partie ; *La Consultation* [1928] ; *La Sorellina* [1928], 1re partie. IV : *La Sorellina*, 2e partie ; *La Mort du père* [1929]. V : *L'Été 14* [1936], 1re partie. VI : *L'Été 14*, 2e partie. VII : *L'Été 14*, 3e partie. VIII : *L'Été 14*, 4e partie ; *Épilogue* [1940], 1re partie. IX : *Épilogue*, 2e partie, Gallimard, 1943-1945 (coll. « Blanche »).

Maupassant (Guy de), 1850-1893.
• *Contes et nouvelles*, Gallimard (collection « Bibliothèque de la Pléiade »), 1974.
• *Romans*, Gallimard (collection « Bibliothèque de la Pléiade »), 1987.

Mauriac (François), 1885-1970. - *La Pharisienne* [1941], Beyrouth : Les Lettres françaises, 1942.

Mordillat (Gérard), 1949. - *Les Vivants et les Morts* [Calmann-Lévy, 2004], L. G. F., 2006 (coll. « Le Livre de poche », n° 30497).

Proust (Marcel), 1871-1922. - **À la recherche du temps perdu** [écrit de 1913 à 1922]. 15 tomes, Gallimard, 1922-1927 (coll. « Blanche ») Tomes I et II :

Du côté de chez Swann [1913]. Tomes III, IV et V : *À l'ombre des jeunes filles en fleurs* [1918]. Tomes VI, VII et VIII : *Le Côté de Guermantes* [1920]. Tomes IX et X : *Sodome et Gomorrhe* [1922]. Tomes XI et XII : *La Prisonnière* [1923]. Tome XIII : *Albertine disparue* [1925]. Tomes XIV et XV : *Le Temps retrouvé* [1927].

. **Rabelais (François)**, 1483 ou 1494-1553. - *Œuvres complètes* [1934], Gallimard, 1942 (coll. « Bibliothèque de la Pléiade »).

. **Rétif de la Bretonne (Nicolas Edme)**, 1734-1806. - *Ingénue Saxancour* [1789], Lattès, 1979.

. **Robbe-Grillet (Alain)**, 1922-2008. - *La Reprise*, Minuit, 2001.

. **Romanciers du XVIIe siècle.** Éd. Antoine Adam. Charles Sorel, *Histoire comique de Francion*. Scarron, *Le Roman comique*. Furetière, *Le Roman bourgeois*. Madame de La Fayette, *La Princesse de Clèves.*, Gallimard, 1958 (coll. « Bibliothèque de la Pléiade »).

. **Romanciers du XVIIIe siècle.** 2 tomes. Éd. Étiemble (t. I), Marguerite Du Cheyron et Gilbert Lely (t. II). I : Hamilton, *Histoire du comte de Gramont*. Lesage, *Le Diable boiteux* et *Gil Blas de Santillane*. Abbé Prévost, *Histoire du Chevalier des Grieux et de Manon Lescaut*. II : Crébillon fils, *Les Égarements du cœur et de l'esprit*. Duclos, *Confessions du Comte de* ***. Cazotte, *Le Diable amoureux*. Vivant Denon, *Point de lendemain*. Louvet de Couvray, *Amours du Chevalier de Faublas*. Bernardin de Saint-Pierre, *Paul et Virginie*. Sade, *Contes et nouvelles*. Sénac de Meilhan, *L'Émigré*, Gallimard, 1960 et 1965 (coll. « Bibliothèque de la Pléiade »).

. **Rousseau (Jean-Jacques)**, 1712-1778. - **Œuvres complètes**. 4 tomes. I : *Confessions* ; *Dialogues* ; *Rêveries du promeneur solitaire* ; *Fragments autobiographiques et documents biographiques*. II : *La Nouvelle Héloïse* ; *Théâtre* ; *Essais littéraires*. III : *Du contrat social* ; *Écrits politiques*. IV : *Émile* ; *Éducation* ; *Morale* ; *Botanique*., Gallimard, 1969 (coll. « Bibliothèque de la Pléiade »).

. **Saint-Simon (Louis de Rouvroy, duc de)**, 1675-1755. - **Mémoires**. 6 tomes, Gallimard, 1947-1958 (coll. « Bibliothèque de la Pléiade »).

- **Sévigné (Marie de Rabutin-Chantal, marquise de)**, 1626-1696. - *Lettres*, Hachette, 1852.
- **Stendhal (Henri Beyle, dit)**, 1783-1842. - *Le Rouge et le Noir* [1830], Gallimard, 1947, 1952 (coll. « Bibliothèque de la Pléiade »).
- **Triolet (Elsa)**, 1896-1970. - *Roses à crédit* [1959], Gallimard, 1976 (coll. Folio, n° 183).
- **Verlaine (Paul)**, 1844-1896. - *La Bonne Chanson* [1870], avec *Amour* [1888], *Bonheur* [1891], et *Chansons pour elle* [1891], Cluny, 1948.
- **Vigny (Alfred, comte de)**, 1797-1863. - Poésies complètes : *Poèmes antiques et modernes* [1837], *Les Destinées* [1863], *Poèmes retranchés*, Garnier, 1925 (coll. « Classiques Garnier »).

CRÉDITS ICONOGRAPHIQUES

Tous les pictogrammes utilisés dans cet ouvrage et présentés dans la liste ci-dessous sont issus de l'agence AdobeStock, sauf mention contraire précisant la source.

abattis : palau83 ; **abcès** : Irina ; **abois** : © Shutterstock/T VECTOR ICONS ; **acabit** : antto ; **achoppement** : megis ; **aloi** : Vector Tradition ; **anglais** : Gstudio ; **araignée** : NinjaStudio ; **arme** : prockopenko ; **arracheur** : HN Works ; **auspices** : iconsgraph ; **baba** : palau83 ; **bagatelle** : PCH.Vector ; **balai** : alekseyvanin ; **balle** : © emma ; **ban** : blankstock ; **basques** : Irina ; **bâton** : © emma ; **baume** : Irina ; **bec** (clouer) : MacroOne ; **bec** (tomber) : PUBG Studio ; **béguin** : © emma ; **billard** : Studicon ; **bisbille** : © emma ; **bisque** : MacroOne ; **bon pied** : antto ; **bonbon** : kuroksta ; **bonnet** : ylivdesign ; **bouc** : alekseyvanin ; **bouillon** : Muhamad ; **boute-en-train** : ProfiTrollka ; **bride** : ProfiTrollka ; **briquet** : Matsabe ; **brisées** : © emma ; **bronches** : dlyastokiv ; **buissonnière** : Yuliia ; **bulbe** (carburer) : dlyastokiv ; **bulbe** (ramolli) : anatolir ; **bulle** : Gunay ; **campagne** : Yuliia ; **canuler** : ylivdesign ; **cautère** : Irina ; **cellules** : Lifeking ; **cervelle** : zaurrahimov ; **chamade** : djvstock ; **chancre** : Lifeking ; **chandelles** : Victor ; **chaperon** : © emma ; **chat** : CNuisin ; **cheville** : Hung ; **cigare** : nsit0108 ; **claque** : Irina ; **coiffer** : antto ; **convoler** : Panuwat ; **cotillon** : pushinka11 ; **coqueluche** : Frog_Ground ; **corneilles** : Mykyta ; **côtelette** : palau83 ; **côtes** : M.Style ; **coulpe** : Fidan ; **cour** : Vector Tradition ;

crétin : Yuliia ; **croupières** : attilanova ; **cure** : palau83 ; **dalle** : davooda ; **démon** : Georgi ; **douleur** : © emma - Yuttapong ; **durillon** : RaulAlmu - davooda ; **écot** : blakstock ; **émoulu** : 4luck ; **éponges** : musmellow ; **escampette** : Maksim ; **fade** : antto ; **faveurs** : Suesse ; **férir** : Oksana ; **férule** : © emma ; **fils** : antto ; **florès** : vectorwin ; **foies** : vector_v ; **fourches** : antto ; **fracture** : fokas. pokas ; **frappadingue** : alekseyvanin ; **gaz** : lineartestpilot ; **girafe** : priyanka ; **gorge** : amin268 ; **gorges** : Анна Стельмашок ; **gourme** : Lifeking ; **grappin** : yershovoleksandr ; **gros** : bsd555 ; **guilledou** : grgroup ; **haro** : Mariia ; **heure** : karrina - Studio Barcelona ; **huile** : bigpa ; **idiot** : Graphic&Illustration ; **jambes** : SurfupVector ; **jaunisse** : jesadaphorn ; **lanternes** : aliyev84 ; **larmes** : amin268 ; **loup** (voir) : iconicbestiary ; **loup** (bergerie) : jan stopka ; **lustres** : MacroOne ; **maboul** : Digital Bazaar ; **margoulette** : Maksim ; **mécaniques** : SolaruS ; **miroir** : MacroOne ; **mouche** : MacroOne ; **moucher** : 3xy ; **moule** : sharpnose ; **mule** : 4luck ; **navet** : cyewave ; **nez** : lovemask ; **noisette** : alekseyvanin ; **odeur** : © emma ; **paillasse** : owattaphotos ; **parapluie** : skarin ; **pelotes** : Miceking ; **perlimpinpin** : antto ; **petit** : Cavid ; **pieds** devant : meranda ; **pieds** plats : nadiinko ; **pilori** : Ronnarid ; **pinacle** : Digital Bazaar ; **pipe** : VKA ; **plâtres** : Fiedels ; **poire** : alekseyvanin ; **portugaises** : amin268 ; **poudre** : farhadahmadov ; **quenouille** : © emma ; **rage** : bsd555 ; **rampe** : alekseyvanin ; **rate** : alekseyvanin ; **retour** : prockopenko ; **sang** : AlexBlogoodf ; **singe** : nadiinko ; **six-quatre-deux** : Irina ; **stockholmiser** : nsit0108 ; **substantifique** : © emma ; **tableau** : sabuhinovruzov ; **tatie** : Boyko.Pictures ; **tête** : ylivdesign ; **toqué** : Vector Tradition ; **tronche** : Suesse - agaten ; **tunique** : VectorGalaxy ; **usine** : antto ; **vérole** : Studicon ; **vert** colère : iconsgraph ; **vert** galant : Jamila ; **yeux** : ppvector ; **zéro** : valeriyakozoriz ; **zinzin** : JustDOne.

TABLE DES MATIÈRES

N° éditeur: 10268153
Dépôt légal: octobre 2021
Imprimé en Espagne en octobre 2021 par Egedsa